# 心一堂術數古籍珍本叢刊

書名：增補高島易斷（原版）附虛白廬藏日本古易占五種（七）
系列：心一堂術數古籍珍本叢刊　占筮類　第三輯　249
作者：【日本】高島呑象 等、【清】王治本中譯
主編、責任編輯：陳劍聰
心一堂術數古籍珍本叢刊編校小組：陳劍聰　素聞　鄒偉才　虛白盧主　丁鑫華

出版：心一堂有限公司
通訊地址：香港九龍旺角彌敦道六一〇號荷李活商業中心十八樓〇五－〇六室
深港讀者服務中心・中國深圳市羅湖區立新路六號羅湖商業大廈負一層〇〇八室
電話號碼：(852)9027-7110
網址：publish.sunyata.cc
電郵：sunyatabook@gmail.com
網店：http://book.sunyata.cc
淘寶店地址：https://sunyata.taobao.com
微店地址：https://weidian.com/s/1212826297
臉書：https://www.facebook.com/sunyatabook
讀者論壇：http://bbs.sunyata.cc/

版次：二零二一年五月初版
平裝：八冊不分售

定價：港幣　一仟六百八十元正
　　　新台幣　六仟九百八十元正

國際書號：ISBN 978-988-8583-91-1



香港發行：香港聯合書刊物流有限公司
地址：香港新界荃灣德士古道二二〇－二四八號荃灣工業中心十六樓
電話號碼：(852)2150-2100
傳真號碼：(852)2407-3062
電郵：info@suplogistics.com.hk
網址：http://www.suplogistics.com.hk

台灣發行：秀威資訊科技股份有限公司
地址：台灣台北市內湖區瑞光路七十六巷六十五號一樓
電話號碼：+886-2-2796-3638
傳真號碼：+886-2-2796-1377
網絡書店：www.bodbooks.com.tw
台灣秀威書店讀者服務中心：
地址：台灣台北市中山區松江路二〇九號一樓
電話號碼：+886-2-2518-0207
傳真號碼：+886-2-2518-0778
網絡書店：http://www.govbooks.com.tw

中國大陸發行　零售：深圳心一堂文化傳播有限公司
深圳地址：深圳市羅湖區立新路六號羅湖商業大廈負一層〇〇八室
電話號碼：(86)0755-82224934

心一堂微店二維碼

心一堂淘寶店二維碼

古易断吉拔萃
全

| | | | | | |
|---|---|---|---|---|---|
| ䷀ 乾為天 初丁 | ䷂ 水雷屯 四丁 | ䷄ 水天需 六丁 | ䷆ 地水師 九丁 | ䷈ 風天小畜 十一丁 | ䷊ 地天泰 十三丁 |
| ䷁ 坤為地 二丁 | ䷃ 山水蒙 五丁 | ䷅ 天水訟 八丁 | ䷇ 水地比 十丁 | ䷉ 天澤履 十二丁 | ䷋ 天地否 十四丁 |

天火同人 十五丁

地山謙 十七丁

澤雷隨 十九丁

地澤臨 廿丁

火雷噬嗑 廿二丁

山地剝 廿三丁

火天大有 十六丁

雷地豫 十八丁

山風蠱 十九丁

風地觀 廿一丁

山火賁 廿二丁

地雷復 廿四丁

| | | | | | |
|---|---|---|---|---|---|
| ䷘ | ䷚ | ䷜ | ䷞ | ䷠ | ䷢ |
| 天雷无妄 | 山雷頤 | 坎為水 | 澤山咸 | 天山遯 | 火地晉 |
| 廿四丁 | 廿五丁 | 廿六丁 | 廿七丁 | 廿八丁 | 廿九丁 |
| ䷙ | ䷛ | ䷝ | ䷟ | ䷡ | ䷣ |
| 山天大畜 | 澤風大過 | 離為火 | 雷風恒 | 雷天大壯 | 地火明夷 |
| 廿五丁 | 廿六丁 | 廿七丁 | 廿八丁 | 廿九丁 | 廿九丁 |

| | | | | | |
|---|---|---|---|---|---|
| ䷤ 風火家人 卅丁 | ䷦ 水山蹇 卅一丁 | ䷨ 山澤損 卅一丁 | ䷪ 澤天夬 卅二丁 | ䷬ 澤地萃 卅三丁 | ䷮ 澤水困 卅四丁 |
| ䷥ 火澤睽 卅丁 | ䷧ 雷水解 卅一丁 | ䷩ 風雷益 卅二丁 | ䷫ 天風姤 卅三丁 | ䷭ 地風升 卅四丁 | ䷯ 水風井 卅四丁 |

| | | |
|---|---|---|
| ䷰ | 澤火革 | 卅五丁 |
| ䷲ | 震為雷 | 卅六丁 |
| ䷴ | 風山漸 | 卅七丁 |
| ䷶ | 雷火豐 | 卅八丁 |
| ䷸ | 巽為風 | 卅九丁 |
| ䷺ | 風水渙 | 四十丁 |
| ䷱ | 火風鼎 | 卅六丁 |
| ䷳ | 艮為山 | 卅七丁 |
| ䷵ | 雷澤歸妹 | 卅七丁 |
| ䷷ | 火山旅 | 卅八丁 |
| ䷹ | 兌為澤 | 卅九丁 |
| ䷻ | 水澤節 | 四十丁 |

䷼ 風澤中孚　四十一丁

䷽ 雷山小過　四十一丁

䷾ 水火既濟　四三丁

䷿ 火水未濟　四十二丁

壬戌土　壬申金　壬午火　甲辰土　甲寅木　甲子水

父　兄　官　父　妻　子

䷀

乾爲天・

飛壬戌土　四月卦・　伏癸酉金

春吉　夏凶　秋平　冬吉

龍示變化之象　萬物資始之意

乾。元亨利貞。

占　君子平。小人凶。大抵常人筮得此者。百事阻隔。憂苦綿々。住居不安寧。有所求而不獲。猶射鳥喪矢。○欲之山而造舟。○意外之禍。或鬪諍。或盜患。或

損財。或病難。或水火災。或淫慾。皆可恐
慎。○疑慮多情。勞而无功○凡事不義而
值此。○災眚繼踵○雖勢責之人。不可
恃於履月經年稍衰漸敗。○卜婚姻乎。
但不容急速。○筮生產自乾之他則安。
自他求此不安○凡事自有而無。自無
而有之意。○旋惠於人。而不謀其利。又有
大德。而謀大義之類。後吉。○日敬夜慎

入孝出遜。保終如始。可以免凶咎也。

大要庸人不足以當之。

大槩占法如此。因爻變之位與象。有少差別。今不盡釋也。占者密察焉。餘卦放此

初九。潛龍。勿用。　九二。見龍在田。利見大人。　九三。君子終日乾乾。夕惕若厲。无咎。　九四。或躍在淵。无咎

九五。飛龍在天。利見大人。上九。亢龍有悔。用九。見群龍无首。吉。

坤為地

飛 癸酉金　伏 壬戌土　十月卦

春吉　夏凶　秋平　冬凶

含弘有[illegible]之象

品物資生之意

坤。元亨。利牝馬之貞。君子有攸往。先迷後得主。句 利西南得朋。東北喪朋。安貞吉。喪去聲

占

和順而不矜其功者得以百事吉兆。剛愎也。
戾氣之人値以百事凶吝。○爲人有劬勞。
又可有損財。但非凶事。或有含後榮
之意。○合衆力而爲事遂可成。○欲
速成者一切无得。○引利欲而轉迷。
○婚姻平。但經年月而字。○胎孕安。臨
產遲。不可急求。○病重凡沈痼頼。難

奏藥效○凡放人倫正義之事。筮遇初

憂。則含後吉。○此卦大氐雖不凶而遅々

不決定

初六。履霜堅冰至。　六二。直方大。不習

无不利。　六三。含章可貞。或從王事

无成有終。　六四。括囊。无咎无譽。

六五。黃裳元吉　上六。龍戰于野。其

血玄黃。　用六。利永貞。

戊子水　戊戌土　申金　庚辰土　寅木　子水

兄　官　父　官　子　兄

# 水雷屯

飛庚寅木　伏戊辰土　六月卦

春吉　夏凶　秋吉　冬平

龍動ニ水中ニ之象　草昧不寧之意

屯。元ニ亨ル。利シ貞シキニ。勿レ用ヒテ有ルニ攸レ往ク。利シ建ツルニ侯ヲ。

占　才德出ルレ衆ヲ者得テハ之ヲ為ス後吉ト。有リ自ラ爲スル又輔助スル人ニ。皆吉兆。○大抵常人ハ穩ニ居ヲ改ル業ヲ。或ハ新ニ始ル事ノ之類。歷テ年ヲ而後可シ成ル。正固ニシテ而宜シク待ツ時ノ至ルヲ。○凡ソ以ス後ニ漸ヲ而謀レハ向フ吉ニ。用テ智

巧而急者。必生悔咎。○所願求抱多情而難得。○日用細事。可成。○百事紛々不通。與父子兄弟親近成。○好身有不安之意。可慎起居飲食。過五箇月則平。○婚姻有妨而遲滯。但後吉。○病危二二動則亢。

初九。磐桓。利居貞。利建侯。

六二。屯如邅如。乘馬班如。匪寇婚媾。女子貞不字。

十年乃字。

六三。即鹿无虞。惟入于林中。君子幾不如舍。往吝。（幾音機 舍音捨）

六四。乘馬班如。求婚媾。往吉。无不利。

九五。屯其膏。小貞吉。大貞凶。

上六。乘馬班如。泣血漣如。

| | | |
|---|---|---|
| 丙寅木 | ⚋⚋⚋ | 父 |
| 子水 | ⚋ ⚋（世） | 官 |
| 戌土 | ⚋ ⚋ | 子 |
| 戊午火 | ⚋ ⚋ | 兄 |
| 辰土 | ⚊ | 子 |
| 寅木 | ⚋ ⚋（應） | 父 |

山水蒙

飛丙戌土　八月卦　伏配金

春凶　夏平　秋不利　冬口舌

巖險雲烟之象

生ㇾ苑未ㇾ開之意

五

蒙。亨。匪我求童蒙。童蒙求我。初筮告。再三瀆。瀆則不告。利貞。

【占】多情煩鬱。難得所解。用智巧益窮。誠信篤実則發後吉。但只可以漸而成。急求不成。家事日用平。凡事中途而淹滞。婚姻難成。胎孕平。蓋初爻或三爻動則不安。但富室得之則為安。病至況重。雖多煩想憂怖。

无以處心之意。而悃愊遂逐遂造閒善人。則

得極養助濟。〇陰奸猜疑。凡不誠之徒。回

事凶。〇可擇益友而交。不可妄與外誘起

禍害。

初六。發蒙。利用刑人。用說桎梏。以往吝。

九二。包蒙吉。納婦吉。子克家。

六三。勿用取女。見金夫。不有躬。无攸利。

六

六四。困蒙。吝。

六五。童蒙吉。

上九。擊蒙。不利為寇。利禦寇。

戊子水　妻
戊戌土　兄　世
戊申金　子
甲辰土　兄　應
甲寅木　官
甲子水　妻

水天需

飛　戊午火
伏　癸丑土

八月卦

春自知　夏口吉　秋平　冬半吉

密雲不雨之象　雪中梅綻之意

需。有孚。光亨。貞吉。利涉大川。

因

有所期望而皆阻滯。但正貞以久爲事集。○考人謀而忠則終吉而成。○篤實守常淡泊有信者。自然獲于家甚幸慶也。○百事利以後斷。急求不成而有禍。小大皆然。○居處不安。雖有利移居去鄉之意。而即今不可得移轉。若遽動者則入凶。可防爭競。○與衆人俱謀爲可。○婚姻不成。○胎孕无恙。生產遲。產兒女則安。男則帶

難○病。難治或長。
初九。需于郊。利用恒。无咎。
九二。需于沙。小有言。終吉。
九三。需于泥。致寇至。
六四。需于血。出自穴。
九五。需于酒食。貞吉。
上六。入于穴。有不速之客三人來。敬之終吉

子孫 戌土
妻財 申金
兄弟 午火 世
兄弟 午火
子孫 辰土
父母 寅木 応

# 天水訟

・飛 壬午火　伏 己酉金　二月卦

春凶　夏平　秋吉　冬凶

天水違行之象　田獵無獲之意

訟。有孚窒。惕。中吉。終凶。利見大人。不利渉大川。

占

事事乖離。物物忌故。百端不可成。○鬱陶遭煩之情。○君臣父子或為有隙。○可恐慎。○疑留多多。又有賊有妨。○

常人得此將受讒失親。百事和順正誠而可以免也。奸曲之徒得此。惡長身敗之時。○病可治。

初六。不永所事。小有言。終吉。

九二。不克訟。歸而逋。其邑人三百戶。无眚

六三。食舊德。貞厲。終吉。或從王事。无成。

九四。不克訟。復即命。渝。安貞吉。

九五。訟元吉。

上九。或錫之鞶帶。終朝三褫之。　朝音昭

地水師

七月卦

飛 戊午火　伏 己亥水

春平　夏凶　秋凶　冬吉

地勢臨湖之象　以寡伏衆之意

師。貞。句丈人吉。句无咎。

占 可防非意外患。○諸事難和調。利下困

九

親戚而謀○有好色淫奔之禍○可防賊難劍難○侮人代者敗○剛戾之人日日招災眚○婚姻凶○胎孕不安○病凶○可愼痓動○大人吉○小人凶○大凡由事之公與私而異利不利斷者可有活眼○

初六○師出以律否臧凶○否不古書通用

九二○在師中吉无咎○王三錫命○

六三○師或輿尸凶○

六四。師左次。无咎。

六五。田有禽。利執言。无咎。長子帥師。弟子輿尸。貞凶。

上六。大君有命。開國承家。小人勿用。

䷇

戊子水　妻
戌土　兄
申金　子
乙卯木　官
巳火　父
未土　兄

水地比

飛乙卯木　七月卦　伏甲辰土

春病　夏自知　秋吉　冬大利

衆星拱北之象　和樂無間之意

比。吉。原筮元永貞。无咎。不寧方來。後夫凶。比者庇

占　大抵諸占可得半面難成全功。○住居不安或
有親族之勞。但无大禍。○凡有所親和
輔弼篤敬无怠則發後吉。○浮妄之人得之
百事虛手而去。○事正則可急謀疑二懶
惰之人亦百事虛手。○凡就高貴老成
而謀則得便宜。○可防損財。○凡有侍
信至。○婚姻成或遅。○胎孕母子倶爲氣

力薄弱。可以藥餌養。○病危。或長而難得全快。○萬端无見災凶。而不見速功。

初六。有孚比之。无咎。有孚盈缶。終來有它吉。

六二。比之自內。貞吉。

六三。比之匪人。

六四。外比之。貞吉。

九五。顯比。王用三驅。失前禽。邑人不誡。吉。

上六。比之无首。凶。

辛卯木　巳火　未土　甲辰土　寅木　子水

兄　子　妻　妻　兄　父

風天小畜　十一月卦

飛甲子水　伏辛丑土

春病　秋口舌　冬吉

曉風殘月之象　相親相疎之意

小畜。亨。密雲不雨。自我西郊。

占　小事可通。大事有阻滯。而難成。○占者貞正則雖今羅不亨。終可有親戚朋友之輔助。○可防意外之禍。○旅行不利。中途而可抱大患。○住居不寧。夫婦不和。○所思不

違。讒閻廢事的○小人之占。有惑利欲亂女色之意。上可慎○百事可防外誘。无成有敗○胎孕難育○婚姻大凶○病。漸次向衰。

初九。復自道。何其咎。吉。

九二。牽復吉。

九三。輿說輻。夫妻反目。

說音脫

六四。有孚。血去惕出。无咎。

十二

九五。有孚攣如。富以其鄰。攣音戀 通

上九。既雨既處。尚德載婦。句 貞厲。句

月幾望。君子征凶。幾居豈切

兄 壬戌土
子 申金 世
父 午火
兄 丁丑土 應
官 卯木
父 巳火

天澤履

三月卦 飛壬申金 伏丙子水

春凶 夏平 秋凶 冬吉

尊卑分定之象 如履虎尾之意

履虎尾。不咥人。亨。

占人倫正道之事。為吉兆。雖然利漸次不利急迫。○和平溫厚則雖危而不見傷。暴強傲慢則有災眚。○百事有憂患之意。住居不安。恭順而不失其守。无咎而吉。○雖有鬱愁。不可以屈氣痛心。己和正則向平安。○凡外患疾可避。可慎自作凶。○孕婦不安臨產平。○病危急而復安。但重病難治。○女難色慾之礙。○婚姻似平難得配偶之宜。○百事之占。三爻動者咎凶。

初九。素履往无咎。　九二。履道坦坦。幽人貞吉。
六三。眇能視。跛能履。履虎尾。咥人凶。武人
為于大君。　九四。履虎尾。愬愬終吉。　愬山責切
音素
九五。夬履。貞厲。　上九。視履。旬考
祥。其旋元吉

地天泰

飛甲辰土　春吉　夏凶
正月卦　秋凶
伏乙卯木　冬凶

麟角有肉之象
雁至衡陽之邑

泰。小往大來。吉亨。

占常人得之百事无攸利。已不義如蝮蛇持身如履薄冰。念念自警則免將來含窮困之意。○一切禁奢義可守儉約。好華靡者。好女色者値之。災青急至不可御。○住處變動之兆。凡家事不安寧和調也○有牝雞之禍必戒○婚姻平。但壻家不若女家者爲好○生產吉○病凶○日用小事。義理正當事則通。

初九。拔茅茹以其彙征吉。　九二。包

廿四

荒用馮河不遐遺朋亡得尚于中行。九三。无平不陂无往不復艱貞无咎勿恤其孚于食有福。　六四。翩翩不富以其鄰不戒以孚。六五帝乙歸妹以祉元吉。　上六。城復于隍勿用師自邑告命貞吝。

壬戌土　父
壬申金　兄
壬午火　官
乙卯木　妻
乙巳火　官
乙未土　父

天地否

飛　乙卯木　　七月卦　　伏　甲辰土

春吉　夏凶　秋平　冬吉

月蔵霧裏之象　寒鶯待春之意

否之匪人不利君子貞大往小來。　否批　上聲

占 占者正実能守終可成事不利急○不正不義而値妖天災人青立侍隱姦陰賊之徒。蒙天刑之兆○移轉居處。含後榮○日用即事之占。多遅滞○婚姻。平。然雖成○懐妊。平。三四爻動則或不安○病長危。即病易治○可防争論和順父兄貴人則吉。勿拂人之性。

初六。拔茅茹。以其彙。貞吉亨。

六二。包承小人吉。大人否亨。　六三。包羞。

九四。有命。无咎。疇離祉。　九五。休否大人吉。其亡其亡。繫于苞桑。

上九。傾否。先否後喜。

天火同人

飛己亥水　正月卦　伏午火

春大利　夏吉　秋大殺　冬吉

闇夜ニ燈ヲ揚ル之象　管鮑分ツ金ヲ之意

同人于野。亨。利渉大川。利君子貞。

占百事吉兆。然爲已而已而謀求則有禍。事事公正而與
人和同。百端吉利。○強情偏固受衆憎群怨而逮往處
變亂。○无信誠者値之。如成而終不成。○婚姻可成
但女子不貞。○病凶。胎孕无障。蓋占考孕不孕則爲
不胎。　初九。同人于門。无咎。　六二。同
人于宗。吝。　九三。伏戎于莽。升其高陵。三
歳不興。　九四。乘其墉。弗克攻。吉。　九五同
人。先號咷而後笑。大師克相遇。　上九。同人

十六

于郊无悔。

巳火　未土　酉金　世　辰甲土　寅木　子水

官　父　兄　父　妻　子

火天大有

飛辰甲土　春吉　夏平　穿窓開明之象

正月卦　秋凶

伏卯乙木　冬吉　深谷發花之意

大有。元亨。

固誠正則平。少不義則大凶。常人大抵不成事可慎

涇易妄進。損財憂患之兆。五及上爻青災多。

○好色遊佚之禍。○婚姻貴人平。小人不利。女慢

慳。○病凶。○小事可。○百事預有約信者可也。○姙孕

平。臨産遲。

初九。无交害。匪咎。艱則无咎。

九二。大車以載。有攸往。无咎。

九三。公用亨于天子。小人弗克。

九四。匪其彭。无咎。

六五。厥孚交如。威如。吉。

上九。自天祐之。吉无不利。

癸酉金 亥水 丑土 丙申金 午火 辰土

兄 子 父 兄 官 父

地山謙

九月卦

春平 夏吉 秋吉 冬吉

飛 癸亥水

伏 丁酉金

登山平安之象

稱物平施之意

謙。亨。君子有終。

固占者汲直端正。其事出義皆可得吉也。若驕慢惰夫之徒筮而值此則凶兆。可戒懼敬慎。○大抵占法。先屈而後伸之意。可以通考。○凡自己求之望之則不成事。自然發來者吉。○求欲外飾者皆不利○温良和正。要以静稱生幸福○剛愎性急則百事不利。○嬌媚可成。蓋或有男女俱耽溼之意。○貽孕无障。但遅○病稍向劇。如輕而重

初六。謙謙君子。用渉大川。吉。　六二。鳴謙。貞吉。

九三。勞謙君子。有終吉。　六四。无不利。撝

謙。

六五。不富以其鄰。利用侵伐。无不利。

上六。鳴謙。利用行師征邑國。

䷏

| 妻 | 庚戌土 | ⚋ |
|---|---|---|
| 官 | 申金 | ⚋ |
| 子 | 午火 | ⚊ 應 |
| 兄 | 乙卯木 | ⚋ |
| 子 | 巳火 | ⚋ |
| 妻 | 未土 | ⚋ 世 |

雷地豫

飛 乙未土　五月卦　伏 庚子水

春平　夏吉　秋吉　冬凶

雷出地奮之象　行止順時之意

豫。利建侯行師。

因卦本君民和楽之象。故國家大義正道之事ハ吉兆。常人平民之占否矣。不堅其所守則隨于時弊。○住居如有吉事而无得。或不安寧。正直忠実之人ハ為吉兆。不義虚飾

十八

之人為凶兆。人有家産衰頽去郷里之憂。○自身守道
可遠共佞利口食言之徒。有迷妄損財。○一切可防逸
遊之事。發昔禍。○万事未定之時。當吉凶之交際。○有
虚驚。○婚姻難卒。恐難成。又有言爭。新婦不利。○
胎孕不安。有尅母之意。又有子胎中病之意。○病將長難
治之病。○諸事守靜而不進。遅滞而後見其真也

初六。鳴豫凶。　六二。介于石。不終日。貞吉。　六三。盱豫
悔。遅有悔。　盱者吁　九四。由豫。大有得。勿疑。朋盍簪

六五。貞疾。恒不死。　上六。冥豫。成有渝。无咎。

| | | |
|---|---|---|
| 妻 | 丁未土 | 應 |
| 官 | 丁酉金 | |
| 父 | 丁亥水 | |
| 妻 | 庚辰土 | 世 |
| 兄 | 庚寅木 | |
| 父 | 庚子水 | |

澤雷隨　乘馬逐鹿之象

飛庚辰土　春平

七月卦　夏吉

伏辛酉金　秋凶　冬吉

我動彼說之意

隨。元亨利貞。无咎。

因萬事通亨之時。諸占爲成。但其事正則吉。如占者不正而値此則凶災之媒也。○可防不義之財。可慎色慾之行。○婚姻可成。但可擇正耦。蓋有淫行不義之醜。○胎孕平安。○疾凶。雖淫病漸進。○此卦占法善惡俱

應和故事兆正則勿與人酬酢。○凡有被中于納交機陷之意。可留神而愼。

初九。官有渝貞吉。出門交有功。

六二。係小子失丈夫。

六三。係丈夫失小子。隨有求得。利居貞。

九四。隨有獲貞凶。有孚在道以明何咎。

九五。孚于嘉吉。

上六。拘係之。乃從維之。王用亨于西山。（亨音享）

寅木　子水　戌土　酉金　亥水　丑土

兄　父　妻　官　父　妻

# 山風蠱

正月卦

飛　酉金

伏　庚辰土

春平　夏吉　秋利　冬凶

門內有賊之象

石上栽蓮之意

蠱。元亨。利涉大川。先甲三日。後甲三日。

凶占者必有敗亂之事。如常父之難乎傷倫之才其凶必矣。可懼謹。○凡有毀害不遠來而生於近。不入於外而發於內之意。○可防女難。可慎争訟之事。○凡所賴之人不可應。備忽諾終。是不信。○婚姻。疾病。産婦。皆凶。但臨産蠱之母活子死。三動則兒生母死○諸事壞窮後。蠱値此則可救成。又雖事之始。早慎急改則不壞而可治。

初六。幹父之蠱。有子考無咎。厲終吉。

九二。幹母之蠱。不可貞。　九三。幹父之

安身○篤實和正則有衆益祉福之兆。○婚姻平吉。

○胎孕安。可慎食物。○病長宜危。

初九。咸臨。貞吉。　九二。咸臨。吉无不利。

六三。甘臨。无攸利。既憂之。无咎。　六四。至臨。无咎。

六五。知臨。大君之宜。吉。　上六。敦臨。吉无咎。

知陟離切　舊註去聲

辛卯木　己巳火　未土
妻　官　父

乙卯木　己巳火　未土
妻　官　父

風地觀

八月卦　春平　夏凶

飛辛未土　秋吉　冬凶

伏壬午火

風揚塵埃之象

見草遇雨之意

觀。盥而不薦。有孚顒若。

占常人值此。大抵如望遠山之花。諸事有所見而難至。所願者難得。但有才能者吉。可致高德之人吉。可得。○常人可防外誘。恐招損財憂難之事。又住所不寧。○有色欲之情。○有非意之災眚。无德奢驕之人。自造坎阱自墮之意。○可防拐兒結訟謬詐人牽頭之類。○婚姻不宜。○胎孕恐有難。可温補。病、難治。或恠異。

初六。童觀。小人无咎。君子吝。

六二。闚觀。利女貞。

六三。觀我生進退。

六四。觀國之光。利用賓于王。

九五。觀我生。君子无咎。

上九。觀其生。君子无咎。

子孫 巳火（世）
妻財 未土
官鬼 酉金
妻財 辰土（應）
兄弟 寅木
父母 子水

火雷噬嗑　九月卦　秋凶　冬吉
伏乙巳火

頤中有物之象
夫婦起閨之象

噬嗑。亨。利用獄。

固大氐百事可成。然中間有障阻。而可遅遅。竭力而後志達。不可進。不可退。践正道。日用之事則可。可防爭論。可慎女色。望事向下而望。求則可成。非和順誠實。有禍。雖事難。而務勤。无怠慢。終得其成。凡計謀奸曲者。必有大災。病占爲

為凶○婚姻有妨又成亦夫妻難和○孕不安可慎之食物或新兒安則母不安之意。

初九。屨校滅趾无咎。

六二。噬膚滅鼻无咎。

六三。噬腊肉遇毒小吝无咎。腊息積切 昔音

九四。噬乾胏得金矢利艱貞吉。乾音干 胏音子

六五。噬乾肉得黄金貞厲无咎。

上九。何校滅耳凶 何下可切音荷又去聲 胡箇切義同

山火賁　十月卦

飛己卯木　伏丙辰土

春平　夏凶　秋吉　冬平

门内競美之象　明不及遠之意

賁。亨小利有攸往　賁彼義切

占凡小事利。大事難成。但於忠信実義之事雖大可
成。於小人追時好求奢靡等之事則凶。学文藝
術吉。旅行吉。或有化是為非反覆不和。慎可
防。婚姻可成。蓋有女不得其情之意。懐孕有
少難。病重危。　初九。賁其趾。舎車而徒。　舎
音
捨車古へ唯遥讀。自漢以来始有居音。　六二。賁其須。　九三。賁如
濡如。永貞吉。　六四。賁如皤如。白馬翰如。匪寇
婚媾。　皤音婆　六五。賁于丘園。束帛戔戔。吝終吉。

上九。白賁。无咎。

蓍將老
切音箋

山地剝

| 六親 | 卦爻 | 干支 |
| --- | --- | --- |
| 妻 | ▅▅▅▅▅▅ | 丙寅木 |
| 子 | ▅▅ ▅▅ 世 | 子水 |
| 父 | ▅▅ ▅▅ | 戌土 |
| 妻 | ▅▅ ▅▅ | 乙卯木 |
| 官 | ▅▅ ▅▅ 應 | 巳火 |
| 父 | ▅▅ ▅▅ | 未土 |

飛 丙子水　九月卦　伏 壬申金

春吉旺　夏平　秋凶　冬不利

鼠穿倉廩之象
去舊生新之意

剝不利有攸往。

曰此卦去舊生新之時也。占者固而不妄動者。有後榮。

百事不可欲速。○常人有思慮不定。猶豫不決之意。可慎自誤自失。○可防女難盜患。○凡所

求ル者。蓋シ十ニシテ而得ルニ七八ヲ哉○但可レ防グ陰害弄口之妨ゲ

○婚姻不レ利○姙孕不レ安。臨産ニ筮レ之ヲ。則子安ク母危シ○疾病凶○誠心修正スル者ハ。被レ遺ハ被レ寵セ○醇醲馴行スル者吉。禍心滞悪スル者ハ大凶。

癸酉金　亥水　丑土　庚辰土　寅木　子水

子　妻　兄　兄　官　妻

世　身

地雷復　十一月卦

飛庚子水　伏乙未土

春口舌　夏凶　秋吉　冬々吉

掘テ地ヲ得ル珏之象　破屋重テ修之意

復。亨。出入无疾。朋来无咎。反復其道。七日来復。利有攸往。

廿四

困者正則所為有成功。所行无阻礙。同類来助所往得利。
但以漸而後成之欲速則不成○猶薄浮華之人値此。
而事不成○有困窮已消而將向慶福之意○雖往所不
安漸漸有幸○婚姻吉。○胎孕平。臨産得昳則遲。
○移居改事之類吉。○疾病可治。但可防再發○諸事
再三而後成。

| | | |
|---|---|---|
| ━━━ | 戌土 | 妻 |
| ━━━ | 申金 | 官 |
| ━━━ 世 | 午火 | 子 |
| ━ ━ | 庚辰土 | 妻 |
| ━ ━ | 寅木 | 兄 |
| ━━━ 応 | 子水 | 父 |

天雷无妄　二月卦
飛壬午火　伏辛未土
春吉　夏平　秋凶　冬吉
雷逢暑震之象　石中蘊玉之意

无妄。元亨利貞。其匪正有眚。不利有攸往。

因常人百事不可成就。毫有不義不正之念。則災
眚憂患。綿綿而来。可避虚誕軽卒之人。雖
无其罪。被罪咎。将受意外之眚。私欲之願不
成而破災。婚姻難成。怡予平。可慎起居。
病。始危後安之意。得高医至和平。

山天大畜　十二月卦

飛甲寅木　伏丙午火

春吉　夏凶　秋凶　冬平

金在巌中之象　浅水行舟之意

大畜。利貞。不家食吉。利渉大川。

占　賢能篤実之人ハ。則有爵禄幸慶之吉。常人不當。○大抵有越險忍難而事通之意○願望有妨。百事難通○有陰人之障礙○則情偏氣自招禍○住所不安久而後定○可慎争論。凡以和順則免眚○諸事矛循遺忤之意○懷胎无障。可得○病人可治○但長手○初爻動則萬端凶。

| 爻 | 納甲 | 六親 | 世應 |
|---|---|---|---|
| ⚊ | 丙寅木 | 兄 | 身 |
| ⚋ | 子水 | 父 | |
| ⚋ | 戌土 | 妻 | 世 |
| ⚋ | 庚辰土 | 妻 | |
| ⚋ | 寅木 | 兄 | |
| ⚊ | 子水 | 父 | 応 |

山雷頤

飛 丙戌土　八月卦　伏 辛未土

春凶　夏平　秋吉　冬利

壯士執劍之象　匣中秘物之卦

頤。貞吉。觀頤。自求口實。

占　大凡君子正事正義之業ハ則吉。小人於義之事ニ。則有不慮

之災害○常人之占。為含多情求多事。知和正則久而後成。急則不達○溫鬪訟雜之類可慎○可防女色及利欲○有或得親或失親之意。百事不可輕動○諸事和順則可調。但有反覆。○含思不發之意○婚姻可成。然終有不和之意。○胎孕安○疾病難愈。

澤風大過

飛 丁亥水　二月卦　伏 庚午火

春吉　夏平　秋凶　冬平

如常山之蛇之象

走馬花街之意

大過。棟橈。利有攸往。

占 嚴然有和氣。不失規矩者。雖遇風波而終可

以得免忽恤○懶僻貪黠者。或尸居坐食。凡无義者値之。則不免家事翻覆憂患○大抵常人所謀方底圓益○可慎失行失言。及妖玩○朋合有爲可○婚姻不和不利○胎孕不安○病疾難治但即病治○盛極將衰之時。不可狂動。百事和正則利

世

| | | |
|---|---|---|
| 兄 | ⚋ 世 | 子水 |
| 官 | ⚊ | 戌土 |
| 父 | ⚋ | 申金 |
| 妻 | ⚋ 应 | 午火 |
| 官 | ⚊ 身 | 辰土 |
| 子 | ⚋ | 寅木 |

坎爲水　十月卦

飛 子孫木　伏 巳火

春吉　夏凶　秋凶　冬吉

二人溺水之象　載宝破船

習坎有孚維心亨行有尚。

百事不吉抱辛苦○住處不安憂患綿綿○有非常之禍須

懼慎而正誠堅固。○病難盗難損財之類可防。○有実而窒有理而塞非理。多爲反覆阻障。○爲婦女之憂苦。○婚姻不吉。但老夫老婦可也。○病不治。難病怪異之症。○孕胎安産後可慎補助。○此卦正道君子得之則反爲調和成事之卦。○人无故而出而不歸之意。

身世 己巳火 兄
　　 己未土 子
　　 己酉金 妻
応　 己亥水 官
　　 己丑土 子
　　 己卯木 父

離爲火

飛己巳火　伏子戊水

四月卦

春凶　夏吉　秋疾病　冬不利

雉羅網中之象

秋葉飄風之意

離利貞亨畜牝牛吉。

囚有継續別離之兩義。是故有首而无尾之意。又有

先凶而後吉之意。大概見幾而轉事，宜隨時宜，固執而不知變，則百事不得遂。○日用平事通和利達。永遠大事半途而破。○文學發達之兆。凡才能之人亦吉兆。○剛情智巧之徒，不正不義之俗，可畏遇于衆咎。○可防女難及口角。○婚姻不宜。○胎孕不安。○病凶。○凡事所依寄得親，則斷榮之兆。百端利和寬

丁未土　酉金　亥水　丙申金　午火　辰土

父　兄　子　兄　官　父

澤山咸　正月卦

飛丙申金　伏丁丑土

春吉　夏平　秋凶　冬平

山澤通氣之象

鶯吟鳳舞之意

咸。亨，利貞，取女吉。取音娶

因百事調成之兆。或自遠方有吉。○常事速達。○所賴必可

得親和○移居之類吉○旅行无障。但遠行或有不帰之
意。○婚禮大吉。但初動則不久而離別。或死別○病占凶。或
又有抱○胎孕安○可避奸侮色欲之人。不正則淫禍多。

庚戌土　妻
庚申金　官　身
庚午火　子
辛酉金　官　世
辛亥水　父
辛丑土　妻

## 雷風恒

飛 辛酉金　春吉　夏凶　並行相背之象
正月卦
伏 庚辰土　秋失才　冬平　无咎无誉之意

恒。亨。无咎。利貞。利有攸往。　恒 胡登切
固謹慎篤行之人吉。虚妄猖蕩之人凶。百事皆然○
大抵小人。昨日之蜜。今日之苦。如飜手者。筮得坎則禍
長僊○誠実之人ニハ。家事成。但大事難成○凡離別違

憂之意多シ。○住居不寧○婚姻可○胎孕平○病凶。或ハ藥ノ誤。

又如ニ婦女ノ或有レ媾ハラムコト○凡欲ニ速ニ成ント者ハ必半ニシテ而廢ス。失ニ厚善之友ヲ。

| | | |
|---|---|---|
| 父 | ⚊ | 壬戌土 |
| 兄 | ⚊ 應 | 申金 |
| 官 | ⚊ | 午火 |
| 兄 | ⚊ | 丙申金 |
| 官 | ⚋ 世 | 午火 |
| 父 | ⚋ 艮 | 辰土 |

天山遯

飛 丙午火　春吉　貴人隱レ山ニ之象

六月卦　夏凶

秋平　鑿レ井ヲ无キ泉イヅル之意

伏 甲寅木　冬凶

遯。亨。小シ利レ貞ニ。

占 常人之占。諸事難シ成。凡ソ可レ防ニ陰奸讒口ヲ○凡所レ望鳥去テ指レ辰之意○百事反覆險阻之兆○損財○住居不安寧

○婚姻不レ利。○胎孕凶兆。如ハ臨産ノ或无レ障リ○病長病ハ難治シ

○正人ハ則久ヲ而後吉兆○可レ防ニ女難ヲ

庚戌土　兄
庚申金　子
庚午火　父　世
甲辰土　兄
甲寅木　官
甲子水　妻　応

# 雷天大壯　二月卦

飛庚午火　伏癸丑土

春凶　夏平　秋平　冬吉

猛虎生ㇾ角之象　衣ㇾ錦夜行之意

大壯。利ㇾ貞。

○常人値ㇾ此、大凡事不ㇾ和穏。○有強屈猛伏之憂。傲虐不ㇾ理之難。○无和氣者。必墻寮多之惡。○遇君父長者之怒。○自過自失。○非意有虚驚之事。○婚姻不ㇾ利。○胎孕不ㇾ安。筮ハ炮否則不ㇾ娩。○病亡。○諸端似ㇾ吉而空手之占也。

火地晋　二月卦

飛配己金　伏壬午火　春吉　夏平　秋凶　冬吉

滿地錦繡之象

人登玉階之意

郭京云。王弼舊本康作亨。

晉。康侯用錫馬蕃庶晝日三接。

固於蹈順存義之人。則得結好親愛而吉兆綿々○浮虛賣詐之人。則猶夢登玉階也。○諸事有再興復起之意○凡待物有便○婚姻吉○胎孕平○病凶○誠実忠厚之人。百事所望可成之兆。

地火明夷　八月卦

飛癸丑土　伏戊申金　春平　夏凶　秋凶　冬吉

囊中有物之象

雨後苔色之意

明夷利艱貞。

占 和正而守則有後榮。庸人常事有傷爭損財之事。凡可防不慮意外之禍害。色情之傷。凡女難。婚姻難成。經年而後可成。臨産則平。病危。瘡瘍之類亦危。於親戚之中將生禍。甚可愼。百事宜晦知藏才従時。

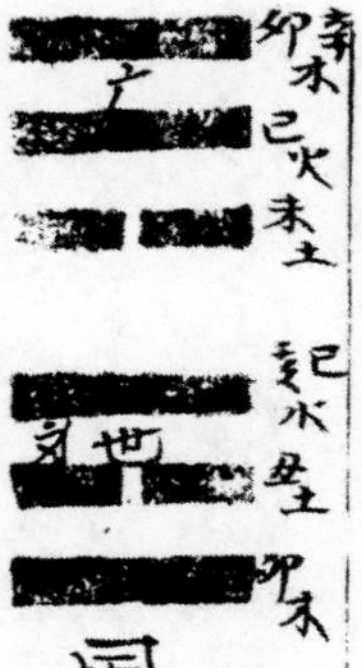


兄 子 妻　父 妻 兄

風火家人

飛 己丑土　六月卦　伏 辛亥水

春吉　夏凶　秋平　冬凶

從窗見月之象

有氣無形之意

家人利女貞。

占 剛正而和氣者得此。百事成功。常人大抵平。偏固狙黠

三十

者凶○矜己用我者諸端破毀。利用人○日用小事无障○可避嫉妬淫行之女。又凡可防女難○須減少驕奢守儉約。有後吉。否則終亂○如望大事則有朝秦暮楚之意○婚姻成○產安○病內傷虛損難治可慎溺愛溺邑而失時。

巳火　未土　酉金　丑土　卯木　巳火
父　兄　子　兄　官　父

火澤睽

飛配金　春吉
二月卦　夏平
伏丙戌土　秋平　冬凶

桃李競發之象
方圓有用之意

睽。小事吉。

回有德高才之人則為吉。常人常事亦不凶。凡和正

順義漸漸通利○可愼口角辯論○損財之意○可避

醜行淫奔之女○諸事有蔽塞邪侮之徒爲奇古

或所精疑○婚姻不吉○胎孕平○欲学文藝吉。

戊子水　戊戌土　申金　西金　申　午火　辰土

子　父　兄　兄　官　父

世　身　応

# 水山蹇

飛 戊申金　春凶　八月卦　夏凶　伏 丁亥水　秋吉　冬疾病

門前有陥之象

寒蝉悲風之意

蹇。利西南不利東北。利見大人貞吉。

占 雖有苦労憂困。而謹厚守正。則天助之人救之必。

得安寧勿憂。生於憂患死於安楽。○勿求急功。

有陥于窮困○婚姻不成○胎孕有難又遅○病可

三卮

治。侍物不到。但船路有便。无信之人。值此則多大凶。

庚戌土　申金　午火　戊午火　辰土　寅木

妻　官　子　子　妻　兄

世

雷水解

飛　戊辰土　　十二月卦　　伏　庚寅木

春平　夏吉　秋凶　冬不利

渉川未乾之象

雷雨緩散之意

解。利西南。无所往。其來復吉。有攸往夙吉。解去聲。音蟹。

占。君子吉。小人之占。其悠悠然无定。住所有變動。但就新移居可。百事如成而難成。又由舊而發。慈。可防喪。見之禍。婚姻不利。產安。病危。但長病有可治之意。遠方通行利

丙寅木　子水　戌土　丁丑土　卯木　巳火

官　妻　兄　兄　官　父

世

山澤損

飛　丁丑土　　七月卦　　伏　丙申金

春平　夏吉　秋吉　冬平

貴賤正位之象

損奢存子之意

損。有孚。元吉无咎。可貞利有攸往。

断 百事吉兆。但虛僞侮奸之人得以多凶。又貝耗之兆。○忠信則得善友學𢘆之人。又出身之兆○婚姻平○懷孕或不安常日可愼食物○病可治○損有餘益不足驕佚慢仁益道德藝占法可准之

| | | | |
|---|---|---|---|
| 辛卯木 | 兄 | | |
| 巳火 | 子 | | |
| 未土 | 妻 | | |
| 庚辰土 | 妻 | 世 | |
| 寅木 | 兄 | | |
| 子水 | 父 | | |

風雷益　七月卦

飛 庚辰土　伏 辛酉金

春凶　夏平　秋凶　冬平

風拂蘆花之象　來船利邪之意　至久

益。利有攸往。利涉大川。

断 端人孚信之人吉。小人私欲之事。凶。皆損偿破却之

兆○婚姻雖可成終有不利之意○病難治或重長

○胎孕不安寧○願望難成○家居不寧難得安身

○允情慢亡之徒値此諸事凶。東西如違去○惠人

愛人久要不忘則百事吉利。可開眼光。

丁未土　酉金　亥水　甲辰土　寅木　子水

䷪（世　身　應）

兄　子　妻　兄　官　妻

澤天夬

飛丁酉金　春平

三月卦　夏吉　蛟龍登天之象

伏癸亥水　冬凶　秋福德　羝羊喜觸之意

夬。揚于王庭孚號有厲告自邑。不利即戎利有攸

往。　夬音怪。號音豪。爻內並同。

㘝憂苦綿綿。百事不安將有損壞亡失之禍○剛壯則有

不慮之災難○住居不安寧。又不幸之地○奸佞機陷以令人疑惑。又女難○有喪貝。又書券之禍○姤如吉而含後凶○婚姻及病人皆凶○臨産无障。豫望騰勝如何則不娟○凡事難成之占。无遠慮有近災乎。

壬戌土　父
壬申金　兄　応
壬午火　官
辛酉金　兄　才
辛亥水　子　世
辛丑土　父

天風姤　五月卦

飛辛丑土　春不利　夏疾病　秋吉　冬半凶
伏甲子水

象有樹顚之象
鳳出逢鸞之意

姤。女壯。勿用取女。

取音娶。姤古文作遘。居候切音姤。馮椅曰。王洙易改爲今文之姤。誤也。唐歐陽石經。李己作姤也。王。宋人也

占 凡以顯謁事之意○有不意之憂。但善人則為吉兆。不

三三

善人則為妖。可防婦邑淫禍。守自己之分。而不可進。婚姻可成。但不利之喜。小事可。大事不可成。胎孕平。病凶。如經久者有治。

身　丁未土　父
　　丁酉金　兄
　　丁亥水　子
世　乙卯木　妻
　　乙巳火　官
　　乙未土　父

澤地萃

飛　乙巳火
伏　丁卯木

六月卦

春吉　夏口舌　秋平　冬平

鯉登龍門之象
妓歌衆順之意

萃亨。王假有廟。利見大人。亨利貞。用大牲吉。利有攸往。

先儒曰。萃亨之亨行文。項安世曰。按王肅本有。王弼遂用其說。誤也。

占　諸事可成。有恩義謝恩之實者吉福。可慎爭論。可防財貨之欲。不可憂動住居。以誠與人交則結。

好。又賑富之兆○凡奉祭祀之吉占○吝嗇貪欲之人值
此言。恐有後之災眚○婚姻及產婦平○病危重。

癸酉金　癸亥水　癸丑土　世　辛酉金　辛亥水　辛丑土
官　父　妻　官　父　妻

䷭ 地風升　八月卦
飛癸丑土　伏庚午火
春吉　夏吉　秋平　冬平
橋上往来之象
三月有說之意

升。元亨。用見大人。勿恤。南征吉。升昇通。古唯用升。詩如日之升。是也。
回利。漸後不利。急迫○出世立身之兆○始遲滯後
通達。但賣詐之人。後来發禍之意○住居不寧○狂浮
妄忽則破○婚姻可成。但有數年後離別之意○胎孕
平○病危○賴有善德和氣之人而得吉。

䷮ 澤水困

丁未土　酉金　亥水　戊午火　辰土　寅木
父　兄　子　官　父　妻

飛戊寅水　春吉　夏凶
五月卦　秋平
伏丁巳火　冬凶

鴉啼枯木之象
澤中脫湿之意

困。亨貞。大人吉。无有言不信。朱震本无无咎二字。

困多劬勞厄窮。或病難貧困。住居不安寧。雖然正心堅固。則有他助而漸々脫困。若月々可得安身。正人勿憂。於奸曲陰悪之徒則大凶。婚姻不利。久而後可。胎孕始難後安。病久而後治。當時即病危。

䷯ 水風井

戊子水　戊戌土　申金　辛酉金　亥水　丑土
父　妻　官　官　父　妻

飛戊戌土　春凶　夏旺
三月卦　秋吉
伏庚申金　冬有氣

海人求魚之象
病夫行市之意

井。改邑不改井。无喪无得。往来井井。汔至亦未繘井。羸其瓶。凶。

喪去聲。汔音肸。繘音聿。羸音雷。

凶日用小事通利。萬事與人共則吉。○清㯶高明之人而其事亦正則吉可得。若交匪不典懶僻之徒得之則漸次可生百憂窮難而失所向。○常守其分勿妄動。○婚姻遲滞。但難成結。婚者平。○孕有難遅則安。○病暫治再發。難得全快之意。

丁未土　酉金　亥水　己亥水　丑土　卯木

官　父　兄　兄　官　子

世　応

澤火革　二月卦

飛丁亥水　春凶　夏平　秋凶　冬吉

伏戊申金

腐草螢火之象

責金買物之意

革。已日乃孚元亨利貞悔亡。已、養里切
固正道善事。如日升向吉。發達之兆。占者不正不義之徒則見蠱惑淫亂之醜婦。而日入冥月成疑之兆。失厚善之友○住居不安。然立性有守者。為去舊就新之吉○可防爭訟○諸微少常事可也。如大事不可速求半途而反覆○已志從々无所守者値災日日慕禍路而陥凶底○婚姻不利○胎孕平。産後可慎○病當死生之間。經數日則得治但多難治。

巳火　未土　酉金　辛酉金　亥水　丑土
兄　子　妻　妻　官　子
身　世

# 火風鼎

飛辛亥水　伏己巳土

十二月卦　春口舌　夏凶　秋凶　冬吉

鼎ハ調味之象。微服ノ過家之意

鼎。元ニ吉亨　吉字ハ衍文。程朱乃諸家。

固操負忠敬者有リ意表ノ之吉祥。奸惡邪黠ナル者受ク災意ノ之禍凶ヲ。○誠善之事ハ成就ス奏功ヲ○有リ勞苦變換之事。日用正事ハ則吉○可ニ和平ナル。不可ニ剛強ナル○學問文書吉○婚姻凶。但結ヒ約納ル者ハ吉。可往ク○臨産之占ハ安。有胎又初二三月之占ハ凶。或ハ不娩ラ。

震為雷　十月卦

飛庚戌土　春旺　夏平　秋平
伏辛卯木　冬半吉

二龍競珠之象
有聲無形之意

震亨。震來虩虩。笑言啞啞。震驚百里。不喪匕鬯。

虩興入聲。啞音厄。喪去聲。匕音比。匕从一。世本作匕。誤。匕乃古化字。鬯音暢。

圖曰。平素恭敬。況實則有吉祥。無慢食言。無戾之徒得此。則有凶災。羞辱喪魂。寒心之憂患。以小技瑣術售醜者。及賣弄兒值此。皆凶吝。凡不知自己本量之徒亡敗之兆。可防爭鬪及邑愆。住所不安寧。又夫婦不和之兆。昏姻不利。胎孕不安。但臨產之時。雖則

平○病凶有始無終。不正則失厚友。

丙寅木　丙子水　丙戌土　丙申金　丙午火　丙辰土

世　官　妻　兄　子　父　兄

艮為山

飛丙寅木　伏丁未土

四月卦　春凶　夏吉　秋凶　冬吉

山上鎮關之象

葛藟纏身之意

艮上九 其背。不獲其身。行其庭。不見其人。無咎。

固篤敬有守之人則吉之兆。凡事出於仁義者為後栄。○常人多有勞鬱憂屈之事。而難得和氣。但日用小事平。○小人狠戾者百事傾敗。宜手而去。○可防損財。難得貨貝。○可慎爭訟。○婚姻遅滞。○胎婦少難。出産遅。○病長而難得全快。

| 六親 | 爻 | 納甲 |
|---|---|---|
| 官 | ▅▅ ▅▅ | 辛卯木 |
| 父 | ▅▅▅▅▅ | 巳火 |
| 兄 | ▅▅ ▅▅ | 未土 |
| 子 | ▅▅▅▅▅ 世 | 丙申金 |
| 父 | ▅▅ ▅▅ | 午火 |
| 兄 | ▅▅ ▅▅ | 辰土 |

## 風山漸

飛丙申金　春吉　夏吉　秋吉　冬不利
正月卦
伏丁丑土

山中植木之象
千里一步之意

漸女歸吉。利貞。

因向吉祥之兆。利漸次。百事不可躐等而進。若有謬初一步則差千里。不可輕起。凡從而三動則百事不成。住所雖不安而守常蹈順者有喜而得安身。可防女難及損失。常人必有色情之難。婚姻成。胎孕安。病凶。君子以誠事正者百端通達。可遂所求。

| 六親 | 爻 | 納甲 |
|---|---|---|
| 父 | ▅▅ ▅▅ 身 | 庚戌土 |
| 兄 | ▅▅ ▅▅ | 申金 |
| 官 | ▅▅▅▅▅ | 午火 |
| 父 | ▅▅ ▅▅ | 丁丑土 |
| 妻 | ▅▅▅▅▅ 世 | 丁卯木 |
| 官 | ▅▅▅▅▅ | 丁巳火 |

## 雷澤歸妹

飛丁丑土　春凶　夏吉　秋凶　冬吉
七月卦
伏丙申金

少女追男之象
顛倒齟齬之意

歸妹。征凶。无攸利。

占如小事可。如大事即有障碍而又覆。凡思慮不決。難終事。如思東而歩西。可防不慮之禍災。及女色。○損貨○不可近于巧言令色之徒。中美妻○隨君父之命而行則可通自家自用。皆凶咎○失時過期○胎孕平○○婚姻凶○病凶。如疚病則不死不治○百事遅滞而難成。

再三反覆之占。

庚戌土　申金　午火　己亥水　丑土　卯木

世　身

官　父　妻　兄　官　子

雷火豐　九月卦

飛庚申金　春吉　俊隼獲雉之象

伏戊戌土　夏平　秋凶　冬平　殘花待雨之意

豐。亨王假之勿憂宜日中。　兪琰曰。假字當依馬融作古雅　及上大也。與孟子王請大之同。

固常人多凶。有損貨又病難。或妻妾之憂。○有官府之疑咎。和正而可慎。○守儉約可省華美。虛飾之人有災眚○可防不虞之暴逆○婚姻似吉而凶○胎孕雖有不安之意。終安。但產後可慎○病凶

| | | | |
|---|---|---|---|
| 兄 | 己巳火 | ▅▅▅ | |
| 子 | 未土 | ▅ ▅ | 応 |
| 妻 | 酉金 | ▅▅▅ | |
| 妻 | 丙申金 | ▅▅▅ | |
| 兄 | 午火 | ▅ ▅ | 世 |
| 子 | 辰土 | ▅ ▅ | |

火山旅

飛丙辰土　五月卦　春半吉　夏失財　秋凶　冬不利

伏己卯水

日傾西山之象

見鳥失矢之意

旅。小亨。旅貞吉。

固和順外好之人。必得他資而吉。奴氣鄙情之人可招

禍。居處不安、有心中憂苦懊々之意。又有親戚離別之責。

○思念不快活、虚妄棄才之徒。向損耗之路之時也。○小事ハ可也。小變利。○急促則難成事。○有才能者移居去國而向榮之意。婚姻不利。但高貴之人ハ可。○胎孕有妙難。然无障。産後可慎。○病凶。

| | | |
|---|---|---|
| 世 | 辛卯木 | 兄 |
| | 辛巳火 | 子 |
| | 辛未土 | 妻 |
| 应 | 辛酉金 | 官 |
| | 辛亥水 | 父 |
| | 辛丑土 | 妻 |

巽為風

飛辛卯木　春平　颶風覆船之象
四月卦　夏吉
伏庚戌土　秋凶　枝折幹仆之意
冬吉

巽。小亨。利有攸往。利見大人。

占 謙遜謹慎者、雖艱難而不失小亨。傲慢輕忽者ハ雖敏

才。凶〇諸事順従乎正人。則可成六七分。不可得十分。快剛

情言花之人。百事凶〇外誘俗事。皆破財之。又可防拐兒

竊竊〇住居不平安。又心裏多事。不能決定。狐疑如酔

〇勿妄動。輕易〇婚姻難成。無後日之榮〇胎孕臨産。

无障。頑之筮則不熄〇病難治〇百事以一己之虐則有毀

兌爲澤　十月卦

飛丁未土　春吉　新月映池之象

夏凶

秋吉　有譽有譏之意

伏丙寅木　冬く疾病

兌。亨。利貞。

回和寛而堅実。則百事調成之兆〇可避便佞邪媚之人。

勿見迷色欲无根之事。○可慎争辯悖忤之事。○如常

人。則諸事有説破而難成。勞而无功。又患慮无定見。○

婚姻平。然有妨而破訖。或遅滞。○胎孕安。○病重而危。然

有可治之兆。

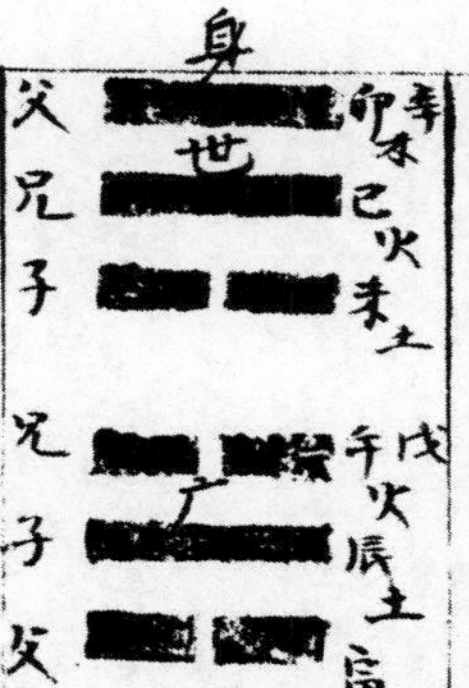


風水渙

飛 辛巳火　春平　夏吉　順風駕帆之象

三月卦　秋冬利　萍水相逢之意

伏 己未土　冬凶

渙。亨。王假有廟。利渉大川。利貞。

因此卦以為下通乎難通、致乎難致、受恵渇助

之兆。六為犯陰陥危、以像福求助之意。○大

氏如庸人。住居不安。願事不成。心中无定基。可防非意之災害及損耗。與人合志結親。利遠往。有兩面兩舌。途中遇禍。婚姻可成。但不見吉兆。胎孕臨時之產无障。頭產之不胞。病可治之意。但由新久及其病。而可一決。

| | | |
|---|---|---|
| 兄 | 戊子水 | ▅▅　▅▅ |
| 官 | 戊戌土 | ▅▅▅▅▅ 應 |
| 父 | 戊申金 | ▅▅　▅▅ |
| 官 | 丁丑土 | ▅▅　▅▅ |
| 子 | 丁卯木 | ▅▅▅▅▅ 世 |
| 妻 | 丁巳火 | ▅▅▅▅▅ |

水澤節

十一月卦

飛 丁巳火

伏 戊寅木

春吉　夏吉　秋凶　冬凶

孤渉泥中之象

作穿自隕之意

節。亨。苦節不可貞。

囯 諸事多遲滯。但即事當用則可成。憂家業改住

君之類不利。和正而從時宜。則所望不空。如小事无障。過偏固卑窟者。反自招凶災。過於己分之事。皆損冒之兆。不正不実之人値此。百事凶吝。憂患不衛。婚姻平。但難成乎。胎孕有難。終无障。病重長引。

辛卯木 巳火 未土　丁丑土 卯木 巳火

官 父 兄　兄 官 父

風澤中孚

八月卦

飛辛未土　伏丙土

春平 夏平 秋吉 冬吉

鍋釜得蓋之象

鶴鳴子和之意

中孚豚魚吉。利渉大川。利貞。

固占者正誠而事亦義則吉也。邪奸利欲之事而値此則大凶。大抵常人之占。難見吉福。或抱憂苦。有慕

人求物之意。可防甘言賣詐之人。如忠孝之事。則漸次得快。死忠孝之事。則漸次凶。婚姻為吉。然有虛誕而難成乎。或女子不負乎。胎孕安。病內傷虛損難治。自他卦來。則多可成之意。可依考斷。又邪々邪善々善。

有感通之義。

庚戌土　父
申金　兄
午火　官　世
丙申金　兄
午火　官
辰土　父　應

雷山小過

飛庚午火　六月卦　伏丁亥水

春吉　夏吉　秋凶　冬平

飛鳥過山之象

門前有兵之意

小過。亨。利貞。可小事。不可大事。飛鳥遺之音。不宜上。宜下。大吉。

占小事通用利。大事難成○有遠方便宜○諸事鬱情憂心。
又百勞而難得成功○事有矛楯。又可防争論○住居不
安○狂慢放言之徒値此則凶吝○可防讒言好悪之妨。
發親友絶交之寔○凡利和正不利鬪驕○婚姻大氐
不利或不和之兆○胎孕平○病可治○可防虚亡之引。

水火既濟

飛己亥水　春平　夏凶
正月卦　秋平　冬吉
伏戊午火

芙蓉戴霜之象
西施傾國之意

既濟。亨小。利貞。初吉。終亂。俞琰梁寅曰。亨小當依朱子作小亨。今從

占諸事難于平易。而忽焉生憂患矣。凡將發壞亂

之兆。可防之。慎之。不義暴悍之徒遇此。則後來羞辱死喪之類。凡為无喜。改物變事之類。无功无利。人離財散。以往衰亡之兆。可慎女色。又有不義之好色之意。可慎争論。可避虛詐陰悪之人。中毒。或依持以亡者。可俯恥矣。正直和氣則吉。日用小事无障。婚姻可成。但難保後。胎孕平。病凶。但大病經日之久者可治方。

己巳火　未土　酉金　戊午火　辰土　寅木

兄　子　妻　兄　子　父

火水未濟

七月卦

飛戊午火　伏己亥水

春平　夏平　秋自如　冬吉

曉光浮海之象　花落結實之意

未濟。亨。小狐汔濟。濡其尾。无攸利。

固始有邑憂不決事不定之意。漸次成立。又自闇向明之時。得賴而結信。百事後榮○不利急進。利遲緩○可愼女色。可避巧言令美毒之人○婚姻可成。含後吉○胎孕平○病太甚不安○

山地剝　初六。剝牀以足。蔑貞凶。六二。剝牀以辨。蔑貞凶。六三。剝之。无咎。六四。剝牀以膚。凶。六五。貫魚以宮人寵。无不利。上九。碩果不食。君子得輿。小人剝廬。

地雷復　初九。不遠復。无祗悔。元吉。祗音支 柢也

六二。休復。吉。六三。頻復。厲无咎。六四。中行獨復。六五。敦復。无悔。上六。迷復。凶。有災眚。用行師。終有大敗。以其國君。凶。至于十年。不克征。

九二輿説輹

䷘ 天雷无妄　初九无妄往吉。六二不耕穫不菑畬則利有攸往。六三无妄之災。或繋之牛。行人之得邑人之災。九四可貞无咎。九五无妄之疾。勿藥有喜。上九无妄行有眚。无攸利。

䷙ 山天大畜　初九有厲利已。已音矣　九三良馬逐利艱貞。曰閑輿衛利有攸往。六四童牛之牿元吉。牿音谷　六五豶豕之牙吉。豶音焚　上九何天之衢亨。何去聲與何校之何同。

䷚ 山雷頤　初九舍爾靈龜觀我朶頤凶。舍音捨　六二顛頤拂經于丘頤征凶。六三拂頤貞凶十年勿

用无攸利。　六四。顚頤吉。虎視眈眈。其欲逐逐。无咎

六五。拂經居貞吉。不可渉大川。　上九。由頤厲吉。利渉大川。

䷛　澤風大過　　初六。藉用白茅。无咎。　九二。枯楊生稊。老

夫得其女妻。无不利。　九三。棟橈凶。　九四。棟隆吉。有它吝。

九五。枯楊生華。老婦得其士夫。无咎无譽。　華音敷

䷜　坎爲水　　初六。習坎入于坎窞凶。　窞淡上声　九二。坎有險。求

小得。　六三。來之坎坎。險且枕。入于坎窞。勿用。　六四。樽酒簋

貳用缶。納約自牖。終无咎。　九五。坎不盈。祗既平。无咎。

上六。係用徽纆。寘于叢棘。三歲不得。凶。

䷝ 離為火

初九履錯然敬之无咎。

六二黃離元吉。

九三日昃之離不鼓缶而歌則大耋之嗟凶。耋田結反

九四突如其来如焚如死如棄如

六五出涕沱若戚嗟若吉。

上九王用出征有嘉折首獲匪其醜无咎

䷞ 澤山咸

咸亨利貞取女吉。取音娶

初六咸其拇

六二咸其腓凶居吉。腓音肥

九四貞吉悔亡。憧憧往来朋従爾思。憧昌容反又音同

九五咸其脢无悔。脢音枚又音庻王肅讀

上六咸其輔頬舌

雷風恒　初六。浚恒。貞凶。无攸利。浚、旬閏反。

九二。悔亡。　九三。不恒其德。或承之羞。貞吝。

九四。田无禽。　六五。恒其德。貞。婦人吉。夫子凶。

上六。振恒。凶。　困学記、作貞凶、誤也。

天山遯　初六。遯尾。厲。勿用有攸往。　六二。執之

用黄牛之革。莫之勝説。　説音脱　九三。係遯。有疾厲。畜

臣妾。吉。　畜音旭　九四。好遯。君子吉。小人否。　好去聲　否音缶

九五。嘉遯。貞吉。　上九。肥遯。无不利。

雷天大壯　初九。壯于趾。征凶。有孚。　九二。貞吉

九三。小人用壯。君子用罔。貞厲。羝羊觸藩。羸其角。

九四。貞吉。悔亡。藩決不羸。壯于大輿之輹。

羝音低
羸音雷

六五。喪羊于易。无悔。喪去声 易音亦

上六。羝羊觸藩。不能退。不能遂。无攸利。艱則吉。

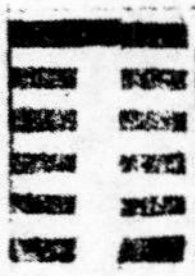

火地晉

初六。晉如摧如。貞吉。罔孚。裕无咎。

六二。晉如愁如。貞吉。受茲介福于其王母。

六三。衆允。悔亡。

九四。晉如鼫鼠。貞厲。鼫音石

六五。悔亡。失得勿恤。往吉。无不利。

上九。晉其角。維用伐邑。厲吉。无咎。貞吝。

䷣ 地火明夷　初九。明夷于飛。垂其翼。君子于行。三日不食。有攸往。主人有言。　六二。明夷。夷于左股。用拯馬壯吉。　九三。明夷于南狩。得其大首。不可疾貞。　六四。入于左腹。獲明夷之心。于出門庭。　六五。箕子之明夷。利貞。　上六。不明晦。初登于天。後入于地。

䷤ 風火家人　初九。閑有家。悔亡。　六二。无攸遂。在中饋。貞吉。　九三。家人嗃嗃。悔厲吉。婦子嘻嘻。終吝。（喝音）　六四。富家大吉。　九五。王假有家。勿恤。吉。　上九。有孚威如。終吉。

䷥ 火澤睽　初九。悔亡。喪馬勿逐自復。見惡人无咎

九二。遇主于巷。无咎。　六三。見輿曳。其牛掣。其人天且劓。

无初有終。　九四。睽孤。遇元夫。交孚。厲无咎。　六五。

悔亡。厥宗噬膚。往何咎。　上九。睽孤。見豕負塗。載

鬼一車。先張之弧。後說之弧。匪寇婚媾。往遇雨則吉

䷦ 水山蹇　初六。往蹇來譽。　六二。王臣蹇蹇。匪

躬之故。　六四。往蹇來連。　九五。大蹇朋來。　上六。往

蹇來碩。吉。利見大人。

䷧ 雷水解　初九。无咎。　九二。田獲三狐。得黃矢。貞吉。

六三。負且乘。致寇至。貞吝。　九四。解而拇。朋至斯孚。
六五。君子維有解。吉。有孚于小人。　上六。公用射隼于高
墉之上。獲之无不利。

山澤損　初九。已事遄往。无
咎。酌損之。　九二。利貞。征凶。弗損益之。　六三。三人行則
損一人。一人行則得其友。　六四。損其疾。使遄有喜。
无咎。　六五。或益之十朋之龜弗克違。元吉。　上九。弗損
益之。无咎。貞吉。利有攸往。得臣无家。

風雷益　初九。利用為大作。元吉无咎。
六二。或益之十朋之龜弗克違。永貞吉。王用享于帝吉。

六三益之用凶事无咎有孚中行告公用圭。 六四中行告公從。利用為依遷國。 九五有孚惠心勿問元吉。有孚惠我德。 上九莫益之或擊之立心勿恒凶

澤天夬 初九壯于前趾往不勝為咎。 九二惕號莫夜有戎勿恤。 九三壯于頄有凶君子夬夬獨行遇雨若濡有慍无咎 九四臀无膚其行次且牽羊悔亡聞言不信。 九五莧陸夬夬中行无咎。 上六无號終有凶。

天風姤 初六繫于金柅貞吉。有攸往見凶羸豕孚蹢躅 九二包有魚。无咎不利賓

九三臀无膚。其行次且。厲无大咎。九四包无魚。起凶。九五以杞包瓜。含章有隕自天。上九姤其角。吝无咎。

䷬ 澤地萃

初六有孚不終。乃亂乃萃。若號一握為笑。勿恤。往无咎。六二引吉。无咎。孚乃利用禴。六三萃如嗟如。无攸利。往无咎。小吝。九四大吉。无咎。九五萃有位。无咎。匪孚。元永貞。悔亡。上六齎咨涕洟。无咎。

䷭ 地風升

初六允升大吉。古易斷句如此　世解大吉

九二孚乃利用禴。无咎。九三升虛邑。六四王用亨于岐山。吉无咎。六五貞吉。升階。上六冥升。利

于不息之貞。

澤水困　初六臀困于株木入于幽谷。三歳不覿　九二困于酒食。朱紱方來利用享祀征凶。无咎。　六三。困于石據于蒺蔾入于其宮不見其妻凶　九四來徐徐困于金車吝有終　九五劓刖困于赤紱乃徐有說利用祭祀　上六困于葛藟于臲卼曰動悔有悔征吉。

水風井　初六井泥不食舊井无禽。　九二井谷射鮒甕敝漏　九三井渫不食為我心惻可用汲王明並受其福。　六四井甃无咎　九五井洌

餗　カナヘノ実　コナガキ　ムシイヒワし

寒泉食。上六。井收勿幕。有孚元吉

䷰　澤火革。初九。鞏用黃牛之革。六二。巳日乃

革之。征吉。无咎。九三。征凶。貞厲。革言三就。有孚

九四。悔亡。有孚。改命吉。九五。大人虎變。未占有孚

上六。君子豹變。小人革面。征凶。居貞吉。

䷱　火風鼎。初六。鼎顛趾。利出否。得妾以其子。无咎

九二。鼎有実。我仇有疾。不我能即。吉。九三。鼎耳

革。其行塞。雉膏不食。方雨虧悔。終吉。九四。鼎折足

覆公餗。其形渥。凶。六五。鼎黃耳金鉉。利貞

上九。鼎玉鉉。大吉。无不利。

震爲雷　初九震来虩々後笑言啞々吉
六二震来厲億喪貝躋于九陵勿逐七日得
六三震蘇々震行无眚　九四震遂泥　六五。
震往来厲億无喪有事。　上六震索々視矍々
征凶震不于其躬于其鄰无咎婚媾有言

艮爲山　初六艮其趾无咎利永貞
六二艮其腓不拯其隨其心不快　九三艮其限列
其夤厲熏心　六四艮其身无咎　六五艮

其輔。言有序。悔亡。　上九。敦艮。吉

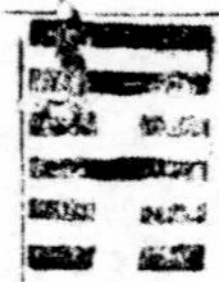

風山漸　初六。鴻漸于干。小子厲。有言。无咎

六二。鴻漸于磐。飲食衎衎。吉　九三。鴻漸于陸。

夫征不復。婦孕不育。凶。利　六四。鴻漸于木。或得其

桷。无咎　九五。鴻漸于陵。婦三歲不孕。終莫之勝。吉

上九。鴻漸于陸。其羽可用為儀。吉

雷澤歸妹　初九。歸妹以娣。跛能履。征吉。

九二。眇能視。利幽人之貞。　六三。歸妹以須。反歸

以娣。　九四。歸妹愆期。遲歸有時。　六五。帝乙

歸妹其君之袂不如其娣之袂良月幾望吉

上六女承筐无実士刲羊无血无攸利

雷火豐　初九遇其配主雖旬无咎往有尚

六二豐其蔀日中見斗往得疑疾有孚發若吉

九三豐其沛日中見沬折其右肱无咎

九四豐其蔀日中見斗遇其夷主吉　六五來章

有慶譽吉　上六豐其屋蔀其家闚其戶闃

其无人三歲不覿凶

火山旅　初六旅瑣々斯其所取災　六二旅卽

次懷其資得童僕貞　九三旅焚其次喪其童僕貞厲
九四旅于處得其資斧我心不快　六五射雉一
矢亡終以譽命　上九鳥焚其巢旅人先笑後號
咷喪牛于易凶

䷸

巽為風　初六進退利武人之貞　九二巽在
牀下用史巫紛若吉无咎　九三頻巽吝　六四悔
亡田獲三品　九五貞吉悔亡无不利无初有終先
庚三日後庚三日吉　上九巽在牀下喪其資斧貞凶

䷹

兌為澤　初九和兌吉　九二孚兌吉悔

亡。六三。来兌凶。九四商兌未寧。介疾有喜。

九五孚于剥有厲。上六引兌。

䷺ 風水渙

初六用拯馬壯吉。九二渙奔其机悔亡。六三渙其躬无悔。六四渙其群元吉。渙有丘匪夷所思。九五渙汗其大號。渙王居无咎。上九。渙其血去逖出无咎。

䷻ 水澤節

初九不出戸庭无咎。九二不出門庭凶。六三不節若則嗟若无咎。六四安節亨。九五甘節吉。往有尚。上六苦節

貞凶。悔亡。

䷼ 風澤中孚　初九虞吉。有它不燕。它他同

九二鳴鶴在陰。其子和之。我有好爵。吾與爾靡之。

六三得敵。或鼓或罷。或泣或歌。

六四月幾望。馬匹亡。无咎。　九五有孚攣如。无咎。

上九翰音登于天。貞凶。

䷽ 雷山小過　初六飛鳥以凶。　六二過其祖。

遇其妣。不及其君。遇其臣。无咎。　九三弗過

防之。從或戕之。凶。　九四无咎。弗過遇之。

往厲。必戒。勿用永貞。　六五密雲不雨。自我西郊。公弋取彼在穴。　上六弗遇過之。飛鳥離之凶。是謂災眚。

䷾ 水火既濟　初九曳其輪。濡其尾。无咎。　六二婦喪其茀。勿逐七日得。　九三高宗伐鬼方。三年克之。小人勿用。　六四繻有衣袽。終日戒。　九五東鄰殺牛。不如西鄰之禴祭。實受其福。　上六濡其首。厲。

䷿ 火水未濟　初六濡其尾。吝。

九二曳其輪貞吉

六三未濟征凶利涉大川

九四貞吉悔亡震用伐鬼方三年有賞于大國

六五貞吉无悔君子之光有孚吉

上九有孚于飲酒无咎濡其首有孚失是

# 易學通解

上

井田龜學先生著

門人　栗原龜山
　　　田井龜戴　校

# 易學通解

東京書肆　文玉圃藏

題易學通解首

井田生。易學通解成。附郵示
余。請題言卷首。易道廣大。厥
學豈容易哉。是此冊子。譯以
國字。詹詹小言。備居家日用
耳。然井田生。性敏。易蓋得其

廣大而撮要以著其書也讀
者當嘗一臠而知全鼎云
寛政丙辰季秋
伏原侍從三位清原宣光題

# 易學通解目録

（一）六十四卦目案　先天ノ圖次

天澤履　上　十六
兌爲澤　下　三十六

火澤睽　下　十
雷澤歸妹　下　三十

風澤中孚　下　四十
水澤節　下　三十八

山澤損　下　十四
地澤臨　上　三十

下卦離如左

天火同人　上　二十二
澤火革　下　二十四

離爲火　上　四十二
雷火豐　下　三十二

風火家人　下　九
水火既濟　下　四十二

| | |
|---|---|
| ䷕ 山火賁 上 三十三 | ䷣ 地火明夷 下 八 |

下卦震如左

| | |
|---|---|
| ䷘ 天雷无妄 上 三十七 | ䷐ 澤雷隨 上 二十七 |
| ䷔ 火雷噬嗑 上 三十二 | ䷲ 震為雷 下 二十七 |
| ䷩ 風雷益 下 十五 | ䷂ 水雷屯 上 五 |
| ䷚ 山雷頤 上 三十九 | ䷗ 地雷復 上 三十六 |

下卦巽如左

| | |
|---|---|
| ䷫ 天風姤 下 十八 | ䷛ 澤風大過 上 四十一 |

火風鼎 下 二十五
雷風恒 下 二

巽爲風 下 三十四
水風井 下 二十三

山風蠱 上 二十八
地風升 下 二十

下卦坎如左

天水訟 上 九
澤水困 下 三十一

火水未濟 下 四十四
雷水解 下 十三

風水渙 下 三十七
坎爲水 上 四十二

山水蒙 上 六
地水師 上 十一

下卦艮如左

䷠ 天山遯 下 四　　䷞ 澤山咸 下 初

䷷ 火山旅 下 三十三　　䷽ 雷山小過 下 四十一

䷴ 風山漸 下 三十　　䷦ 水山蹇 下 上

䷳ 艮為山 下 二十八　　䷎ 地山謙 上 二十四

下卦坤如左

䷋ 天地否 上 十九　　䷬ 澤地萃 下 十九

䷢ 火地晉 下 六　　䷏ 雷地豫 上 二十六

目錄終

## 取筮ノ傳

蓋有事テ占ハント思フ時ハ先ツ雜念ヲ除ヒ捨テ身心清淨ニシ扨伏羲禹王文王周公孔子ノ五聖竝ニ朱子邵子等ノ賢ヲ拜シ神酒ヲ獻ジ香ヲ燒キ筮竹五十本ヲ一握リニ捧持チ扨己ガ姓名ヲ稱シ次ニ只今

占フ所ノ事ヲ人ニ說クガ如ク心ノ中ニ言ヒ盡シ此事吉凶悔吝明カニ告ゲ玉ヘ假爾泰筮有常ト二度唱ヘ而後筮竹ヲ分ツ丁如シ左

筮竹ハ五十本也此内ヲ一本除去テ不用是ヲ太極ト云殘リ四十九本ヲ左ノ手ニテ一束ニ握リ右ノ手ヲ添捧ゲ持ツ丁額ト均シ扱前ノ祝文等畢リ無念無心ニシテ中等ヨリ兩ニ分チ右ノ手ニ持タルヲ机ニ置テ不數但シ此中ニヨリ一本取リ來テ左ノ手ノ小指ノ間ニ挾ム是ヲ掛扐ト名

ツク扨左ノ手ニ持所ノ筮竹ヲ右ノ手ニテ二本ツヽ四度々々ト
數ヘ除テ零所ノ數ヲ以テ卦ヲ立ツヘシ尤掛扐モ數ニ加フ
右ノ如ク段々カゾヘ終一本アマル㕝ハ乾☰此卦ヲ立ツ
二本アマル㕝ハ兌☱三本アマル㕝ハ離☲四本アマル㕝ハ
震☳五本アマル㕝ハ巽☴六本アマル㕝ハ坎☵七本アマ
ル㕝ハ艮☶也如右除キツクシテ零ナク二本ツヽ四ト一杯ニ
ナル㕝ハ坤☷此卦ヲ立ツ是ヲ下卦トス扨又如此今一
返取リ其アタル卦ヲ上卦トス於是上下組合ヒ始テ

卦ノ名ヲ成ス六十四卦ノ内何レノ卦カ顯レスト云フナシ而

後ニ變爻ヲ取ル其法モ始ノ如ク四十九本ヲ分チ掛扐ヲ

挾ムヿ前ト同ジ揲數ヤウハ二本ヅヽ三度々々トカゾヘ除テ

其零一本ナレバ初爻變二本ナレバ二爻變ト段々下ヨリ上

ヘ數ヘノボルナリ是モ二本ヅヽ三トツマリテ零ナキトキハ上

爻變ト可知是モ掛扐ヲカズニ加フ

爻ノ圖

卦ヲ取タルトキタトヘバ初七本ナレバ艮ヲ下卦トシ揲ニ度

目ニ零二本ナレバ兌ヲ上卦トメ是ヲ澤山咸ト云此變
ヲ取ル時タトヘバ三本アマレバ三ノ爻變ナリ圖如レ左
本卦澤山咸  三爻變
變卦澤地萃  之卦ト云
凡ツ本卦ノ陽爻ニ變アタレバ陰爻トナル陰爻ニアタレバ陽
爻トナル初爻ヨリ終マデ六爻ニ通メ皆如是六十四卦
各又如是

易法終

此卦ハ公家大名以上ノ貴人ニハ吉ナレ圧平人ニハ凶也其中ニ學者或ハ出家ナトニハ吉ナル事ト見ルモアリ理義ヲ明ニ見合テ吉凶ヲ断ヘシ○萬事スヽム事凶退ニヨロシ○物事難義ナル心アリ又道中ナトスル事凶也○住處辛苦アリ或ハ住居ヲ離ルヽアリ○損失アリ又盗難ヲ防ヘシ○病難アリ慎ベシ病人ヲ占ハ凶ナリ○遺失ハ可出●胎孕ハ安カラズ又未成胎○願望ハ成就シガタシ金銀ナトニ付テ労アリスベテ思フ事調ガタシ○仕損アリテ悔フアルベシ○物ヲ段ノ賊意アレハ人モヽロヽ世話苦労多シト知ベシ○婚

# 易學通解卷之上

平安　井田龜學先生　著

門人　栗原龜山　田井龜藏　校正

䷀

乾　乾爲天　龍示變化之象　老陽　春吉　夏凶　秋平　冬吉

萬物資始之意

乾者健也此卦ハ易中至尊ノ卦ナリ且六爻ヲ龍ニ象悔吝異ナルモノハ時ナリ賢君子ト雖モ其時ノ宜キニ隨テ進退セザレハ悔吝アリ況ンヤ今日利倍ニ趨ル俗人ヲヤ總テ貴賤ニ限ニズ其考ル處ノ支實ノ正ト不正ニ依テ吉凶大ニ異也占者其

禮ハ半吉トス大抵平ト云モ
スレトモ媒ナトニ付テ妨アル
事アリ〇物ノ始ト終リト
兼備タル義ヘ氣味アリ又
物ノ首トナル意モアリ〇
人ニ高振ニクマル、事有
〇此卦ハ當世ノ人ニハ
利カラズ俗ニ云フ位
負ノスル意ナリ

事實ヲ詳ニ可正故ニ此卦ハ貞正堅固ニシテ其舊常ヲ守ル
ニ宜シ不正不實ノ事ニ此卦ヲ得ルトキハ凶災直チニ來ル
ト可知故ニ諸事性急短慮ナルニ不利靜カニシテ人ノ異見
ニ順トキハ无咎又我意利口ヲ以テ計ルトキハ却テ物ニ仕
損ジ後悔スル事有リ愼身ヲ高振テ人ノ惡ヲ請ルノ意アリ
或ハ貴シ恩惠有人之心ニ背違テ別ニ事ヲ起サントスル意
アレモ不宜愼マサレハ後難義迷惑スル事アリ或ハ表向ヲ
飾テ心中苦シキノ意有貴賤ニ不依正不正ニテ大凶アリ

初姤　住所ヲ動カ婦女ノ為ニ憂苦アルベシ

二同人　貞正ナレハ親キ人ノ助情ヲ得ル

三履　妄ニ動ケハ大ニ驚苦損失アルベシ

四小畜　舊キヲ守ニ宜シ必物ニ不足アルベシ

五大有　實情ナレハ咎ナシ不正ナレバ大ニ凶

六夬　性急ナレハ破有カ惡説ヲ得ル慎ヘシ

天時　晴ルナレトモ予酉ノ日ヨリ雨降ル

願望　事理不正ハ終ニ不叶其上損失アリ

待人　障有テ來タダシ辰戌ノ日信アリ

婚姻　秋冬ハ大抵調フ物事速カナラズ

生產　初胎ハ男次ハ女辰巳戌ノ日產ム

得物　信心深キ人ハ宜シ不實ニハ宜シ

疾病　夏冬ハ大ニ凶シ九死一生トシルベシ

醫方　西北ノ間ナル老醫ヲ以テ治スベシ

失物　戌亥カ物ヲ積重了タル處尋スヘシ

變宅　事大ニシテ卻テ忌配多シ見合スヘシ

詞訟　仲人ノ言葉ニ附ベシ強トキハ凶

走人　佛神ノ邊ニ尋ハ西北ノ間ヲ可見

旅行　利欲ノ旅ハ凶シ常ノ事ハ不苦

仕官　真正ナル人ハ宜シナレド障隔アリ

抱人　南ヨリ來ル人ハ吉其外ハ不宜

賣買　夏冬ハ損失アリ靜ニ時ヲ待ベシ

高下　始ハ大ニ上ルベシナレド後ハ下落ス

夢　住處ヲ動カ自レノ愁ナトニ逢ヘシ

此卦ハ地ノ德ニシテ萬物ヲ生養スルノ理アリ故ニ人ノ事ニ世話苦勞アリト知ベシ○願望調ベシ然モ遅シ又人ヨリ妨ラルヽコトアルベシ○人ニ迷サルヽコトヲ愼ムベシ○婚禮養子其外相談ゴト次第々ニ調フベシ急ニスレバ障タタシ○胎孕安シ○待人不來○病重シ治スルモ長シ○象ノ義アリテ力トナル人ヲ得ルトス

## 坤為地

含弘光大之象　老陰　萬物生載
品物資生之意　君倡臣和

坤者順也此卦ハ極陰ニシテ萬物ノ母トシ地トス博厚無疆ニシテ天陽ノ施ヲ受得テ萬物載テ生養スルノ義ナリ陰ハ陽ニ先達ニ凶ク後順フヲ以テ吉トス故ニ君子有攸往先迷後得主利西南得朋東北喪朋安貞吉ト云ヘリ西南ハ坤ノ方位ニシテ平易ノ地ナリ則チ坤陰ノ一體ナレバ其朋類ヲ得ベシ東北ハ坤ノ平地ニ反シ艮山ノ嶮岨ナル處ナレバ陰ヲ以テ陽ノ嶮岨ノ地ニ往トキ

ハ蹇キ難ヲ以テ喪朋ニ取リ又艮山ノ陽地ナレバ陰ノ朋類ナク且其陰ヲ可助ノモノナシ依テ其獨陰ヲ以テ進トキハ迷フ迷フトキハ悔患有ベシ坤ハ其行フ處剛健發動スル事能ハズ乾陽ノ施ヲ受得テ萬物載テ生養スルノ義ナリ故ニ順靜直方ヲ守テ其事ニ不絶物ニ後レテ而モ其功ヲ積成ス事ハ陰ノ持前ナリ其持前自然ノ道理ヲ守テ心身靜カナレバ无爲ニシテ常ニ事安カルベシ貞ハ其持前ノ道理ニ

背カズ何處マデモ堅固ニ其常トスル處ヲ慎ミ守ヲ貞ト云貞ナルトキハ吉ナル事ハ理ノ常ナリ故ニ坤ヲ人ニ取テハ婦トシ臣トス何レモ皆坤ハ柔順ニシテ乾陽ニ順從可爲ノ道ヲ示セリ以牝馬之利貞ト云ヘリ故ニ此卦ハ諸事人ト相和順ナルニ宜シ剛慢ニシテ衆ノ異見ニ違フトキハ大ニ凶悔有ヘシ自己ノ一了簡ヲ以テ我意利口ヲ先トスルトキハ損失迷悔アラン慎ムヘシ僞實邪正ヲ正シテ

宜ク人ノ後ニ從フトキハ事順ニシテ平和ナルベシ親子兄弟或ハ余義ナキ人ノ爲ニ損失心配アルベシ何事ニ依ラズ其的トナル處ヲ捨テ常トスル處ヲ守テ事ノ靜カナルニ利シ又住處ニ辛勞有テ他ニ動カントスルカ或ハ別ニ事ヲ起サントスルノ望アレドモ必ズ止ルニ宜シ強テ事ヲ計ルトキハ大ニ驚動破敗アルベシ物ノ始ハ間違障アレドモ貞正ナル人ハ久シクシテ後終ニ貴上助施ヲ得ベシ又不根

基ニシテ事ヲ廢スル人ハ次第ニ衰敗スルノ意アリ深ク慎ムベシ一ツ適テ又一ツ世話ノカヽル意アリ西南ノ人或ハ老女隱者ノ類ヲ以テ事ヲ取計ルトキハ其宜キヲ得ベシ

初復　貞正ナレバ終ニ其志ヲ得ベシ

二師　住處ヲ動カ内證ニ根怒ノ意アリ

三謙　永久ニ事ヲ可待終ニ宜シ急クニ凶

四豫　信心深ハ時ヲ得ル不實ナレハ凶

五比　北ガ未申ノ間ノ人ヲ以テ大ニ幸アリ

六剝　不正ナレハ次第ニ困苦痛心アルベシ

天時　曇リテ終ニ雨降ルナレド寅卯ノ日晴ル

願望　性急ナレハ勢ニテ功ナシ靜ナルニ宜シ

待人　來ラズ卯未申ノ日音信有ベシ

婚姻　急ナルトキハ破ル夏秋ハ人低調フベシ

生産　初四ノ變ハ忽ニ產ム男ナルベシ

得物　春冬ハ得ガタシ長袖婦人ヲ頼ベシ

此卦ハ草ノ始テ生シテ来
伸ノ意ニテ萬事ニ付キ其
兆ハ有レ圧相談コトノ類
而シマリナキ意アリ○雷
ノ水中ニ住ノ象アル卦ナ
レハ其住處未安ノ時

疾病　長引ベシ三六ノ變ハ凡死ナラン
醫方　未申ノ間カ土ヘンノ付醫ヲ頼ムベシ
失物　急ニ出カタシ東カ西南ノ間ヲ尋ベシ

變宅　春冬ハ動ニ不利此家大心配ヲヒル
訴訟　理ニ募ルトキハ大ニ破レヲ取ル
走者　女ノ手筋ヲ尋ヌベシ遠ケナラズ

旅行　夏秋ハ苦カラズ并三八ノ變ハ止ルベシ
仕官　静ナレバ調フベシ出家婦人ヲ頼ムベシ
抱人　丑寅ヨリ来ルハ凶外ハ大抵宜シ

賣買　人ノ異見ニ順ノベキ義遠ノ出ハ大ニ損ス
高下　始下リテ後次第ニ上ナレ圧急ナラス
夢　家内ニ心配有ヘシ頻ニフカ損失アラン

䷂ 水雷屯　龍動水中之象　草昧不寧之意　難也屈也聚也

屯者難也此卦ハ物ノ始テ生シ困屈シテ未暢ノ象
坎ヲ水トシ震ヲ草トス則チ屯ハ水中ニ草ノ芽ヲ出
サントスルニ一物上ニ在テ阻覆スルニ依テ屈伸自由ト

トス故ニ人モ住居ニ付テナヤミ有ト知ベシ○大河ニ臨テ渡トスルノ意ニシテ危ク安カラヌ時節ナル難アリト知ベシ○水難トス故ニ旅立遠行慎ベシ○金銀等ニ付テナヤミ有○天運イマタ盛ナラス物コト遠ニ進ナ利シカラス○、漸々ニ物ノアツマル義アリ末ニハ吉ヲ得ヘシト見ル也○婿姻吉兆トスル事アレ共変ニ因テ一概ニ吉ト定メカタシ

大抵遅滞スヘシ○胎孕不安○病アヤウシ二ノ爻三爻変スル時ハ凶ナリ

ラズ又震ノ剛ナルモノ進動ニトスルニ坎險前ニ在テ其行事不速故ニ屈屯シテ其伸進ノ時ヲ待ノ義ナリ屯難屈迫ノ時動ハ必災患敗失有ベシ故ニ此卦ハ急速ナル事ヲ可慎總テ器量發才ヲ不出舊常ヲ守テ静ニ時節ヲ見合スベシ剛情不明ナレバ事半ニシテ破アラン可慎諸事進ムニ不利退キ止テ其久シキニ不屈ハ後次第ニ物ノ通達慶榮有ベシ又住處ニ損失憂苦有テ常ニ物ノ不安心ナル意アリ物

待人遅シ○遺失ハ在レ共ヨラ索ガタシ處ノ違アルベシ

ノ敗テ再興スルノ意アレビ横合ニ故障有テ調難
シ或ハ心外无念ノ事アレビ其人ニ向テ難言ノ意

| | | |
|---|---|---|
| 初比　貞固ニシテ久キ時ハ親シキ人ノ助情ヲ得ベシ | 二節　何事モ舊ヲ守ベシ不圖ニテ争ノ起ル意 | 三既濟　始辛勞アレビ後ニ大抵事通達有ベシ |
| 四随　婦人ノ世話事ヲ為ン親シキ人ノカヲ得ル | 五復　静ニ事ヲ待トキハ大ニ志ヲ得ベシ | 六益　印形事ノ争有ベシ静ナルニ宜シ |
| 天時　半雨半晴ニシテ辰午ノ日晴ル | 願望　半途ニシテ破レ有ベシ何レ手間取ル | 待人　途中ニ障有テ来リガタシ |
| 婚姻　初縁ハ不調再縁ハ久シクシテ後調ベシ | 生産　延ルカ産前ニ難ム卯酉ノ日男ナラン | 得物　勞シテ功ナク却テ争アリ |
| 疾病　痰積ナラン長引ベシ邉ノ神ヲ祈ルベシ | 醫方　北カ東ノ方ニテ壯年ノ醫ヲ求ヨ | 失物　出ガタシ水邉カ東北ノ間ニアリ |
| 變宅　宅ヲ變スルニ不利却テ損失アルベシ | 詞訟　理ヲ持ナガラ急ニ埒明ガタシ | 走者　連アリ水邉ニ隱ル急ニ出ガタシ |

旅行　見合ベシ水難アルカ途中心配有ベシ　仕官　急ニ調ガタシ必擴合ニ障有ベシ　抱人　見合ヘシ物ニ辛抱成カタキ人ナリ

賣買　進ムニ不利舊キヲ守テ静ニ時ヲ可待　高下　今ハ動キカタシ十ヨ后後ニ上ル　夢　水邊ニテ驚苦有カ又往處ニ不足アリ

䷃　山水蒙クラシ　巖險雲烟之象　昧也陰也

生花未開之意　春滅

蒙者昧也此卦ハ山水出テ未長流廻還反覆シテ其行處ヲ不知又艮ハ山ニシテ登ルニ難ク坎ハ險クシテ下ルニ不易山ハ山氣ヲ吐テ雲ヲ出セバ則チ曇リ又坎ノ水氣自ラ下登レバ霧ヲ起テ其道蒙昧ニ以此蒙ハ昧也ト云則チ童蒙ノ意ヲ以テ可解人皆幼稚ノ

此卦ハ童蒙ノ義ニシテ物明白ニ決斷シテ相調ノ成ガタキ卦也然レ氏段々童ノ智恵ツクノ意ニシテ次第々々ニ宜ニ向フト知ベシ○急ニ為ヿ皆宜カラス○物ノ數カ入難タル象アレハ人モ苦労セ詰多クアリト知ヘシ然氏一ツ物ヲ介ツ如ソ終ニハ思ヿ成就スヘシ○諸事料簡チガヒ有ベシ慎ムヘシ○人ニ隨テ物事急ヘテ為ヿハ宜シ人

ニ迷サルヽヿアランヿ心ヲ付ヘシ○心中ニ願フコト有レ𪜈人ニ包テ云ガタキ意アリ言ニ出シテモ急ニ成ガタシ○胎孕障ナシ但シ三ツメ変アルベシ危トス○病ハ長シ治スル𪜈急ニ功ナシ○遺失尋ガタシ○待人遅シ途中ニテ滞ルヿアラン

時厳ク教戒無シハ賢モ愚トナリ正モ邪トナル以此百事能ク其始ヲ不慎バ次第ニ過失災害アランコ可畏可慎故ニ此卦ハ物ニ疑惑有テ思案決定スルコト不能或ハ邪智利口ヲ以テ人ヲ欺キ反テ其身ニ損失後悔ナル事可有何事モ自己ノ一了簡ヲ捨テ貴上父兄ノ異見ニ順フベシ今物ニ阻隔遅滞スル事アレ𪜈貞明堅固ナレバ久シウシテ後必ズ發達榮昌有ベシ又性急惰弱ノ人ハ勞シテ无功而モ他人ノ評判ニ

請ルノ意アリ可愼又空ク散財スルノ意

初損 妄ニ動トキハ大ニ散財口舌ヲ主ル
二剝 不正不實ナレバ大ニ災害アルベシ
三蠱 物ノ敗亂スル意アレバ諸事深ク愼ベシ
四未濟 誓ヲ守テ貞正ナレバ終ニ親キ人ノ助ヲ得ベシ
五渙 住處ニ心配アレド動不利止ニ宜シ
六師 目上ノ人ト爭フ事ヲ不愼ハ大凶

天時 雨降テ急ニ晴難シ辰酉ノ日ヨリ晴ル
願望 勞シテ功ナシ却テ損失有ベシ
待人 途中ニ障有テ急ニ來リガタシ
婚姻 間違障有ベシナレドモ久シウシテ後調フ
生産 月延ガ何レ心配有ベシ大抵男ナラン
得物 間違有テ得ガタシ
疾病 長引テ急ニハ不治藥違ヲ用心スベシ
醫方 北カ丑寅ノ間ニテ能キ醫ヲ吟味スベシ
失物 不遠モ東北ノ間ヲ尋ヌベシ
變宅 止ルニ宜シ此家必病難憂悲有ベシ
訴訟 長引テ理非分リ難シ和談ニ宜シ
走人 丑寅ノ山林カ隱者ノ家ニ隱ル、
旅行 見合スベシ道ニテ病盜ノ難有ベシ
仕官 靜ナレバ後漸々調フ性急ナレバ破ル、
抱人 年限長キハ宜シ又短キハ却テ凶トス

賣買 見合ベシ妄ニ計ルトキハ大ニ損失ス 高下 動カタシナレドモ終ニ下ルベシ 夢 目下ノ者ニ付テ損失心配アルベシ

䷄ 水天需 密雲不雨之象 春殘雪中梅綻之意

需者須也此卦ハ乾陽天登セントスルニ前ニ坎ノ陷險有ガ故ニ乾ノ剛健トイヘドモ速ニ進ミ登ルヿ能ハズ窮迫シテ登天ノ時ヲ待ノ義ナリ坎ハ上ニ在テ險ニクシテ陷トシ則チ大川ニ象ル者ハ乾ニシテ其働キ剛健ナリ陽ノ進ミ動ハ理ノ常ナリ若時節ノ見合ナク剛陽ノ才ヲ以テ妄ニ進バ必險中ニ陷ルノ災害

有ベシ依テ需待ノ戒アリ故ニ此卦ハ百事其舊常ヲ守テ事ノ靜ナルニ宜シ新規ニ事ヲ起スノ類ハ勞シテ功ナク卻テ物ニ窮迫スル事有ベシ何事モ今其時不至ト知テ安ク其時節ヲ待ベシ後必親シキ人ノ助アラン任處ニ心外無念ノ事アレド辛抱スベシ不然バ貴上父兄ノ間ニ口舌爭論ノ起ル事アリ深ク愼ベシ无理ト知テ心ノ急グ事アランニ又色ニ溺レ利ニ迷フノ意アレバ良明ニシテ時ヲ待ヘシ惰弱不

明ナレバ邪惡謀計ニ誘引セラルヽノ意アリ可防又
我意ニ任セテ物ニ進バ大災有ベシ

初井　物事深ク慎ヽミ大ニ損失驚苦有ベシ
二未濟　貞正ナルハ後ニ幸慶アラン
三節　物ノ間違爭有カ又女難ヲ慎ムベシ
四夬　隨分常ノ靜ナルニ宜シ性急ナルハ大凶
五泰　實情深キ人ハ必榮名發達有ベシ
上小畜　病苦有カ何ニ物ニ不足有ベシ

天時　雨降ンニシテ急ニ晴ヽ夜内ノハ晴ル
願望　様子宜トモ一ヘ阡事成カタシ
待人　遲シ辰巳酉ノ日音信アリ
婚姻　初縁ハ調カタシ再縁ハクヽミウミテ成ル
生産　月末カ延ルナラン初産ハ女次ハ男
得物　勞シテ功ナシ損失有ベシ
疾病　心靜ニ保養スヘシ長引テ急ニ治セズ
醫方　水邊カ未申ノ間ニテ求ムベシ
失物　出カタシ戌亥カ水邊ニ近キ處ニアリ
變宅　動ニ不宜異見ニ付テ見合ニ宜シ
訴訟　急ニ埒明ガタシ人ノ異見ニ順フベシ
走者　西北ノ林シキ處カ隱者又ハ水邊ヲ尋ベシ

旅行　止ルニ宜シ道ニテ凶 水難・驚苦アルヘシ　仕官　彼是障有テニ 事調ヒカタシ　抱人　急ニ凶ニ互ニ後 不足アラン

賣買　時節ヲ待ヘシ安ニ 思込ハ損多シ　高下　上ル様子ナレ𪜈 大ニ違カルヘシ

䷅　天水訟

訟者論也此卦ハ物事ヲ能其始ヲ戒慎セザレバ終ニ患難災失アラン可懼可慎卦象ハ乾陽上リ坎水就下ニ又大ハ西ニ周リ水ハ東ニ流ル其行事必ス上下相違ノ則ハ上乾ハ剛ヲ以テ下ヲ无理ニ押付ント下ノ坎ハ心險ク上ヲ凌カントス彼剛健ナレバ吾強險ヲ以テ動ク依テ

互ニ其和從スル處ヲ知ラズ剛ヲ恃テ坎險ノ危キヲ
履皆訟爭ノ象トリ天ハ三才ノ始五行ハ水ヲ先トス故
ニ君子ハ始ヲ愼デ其終ヲ能ス又時俗ハ此ニ反シテ
始ニ其事實ノ正邪曲直ヲ正サヾルガ故ニ事皆半バ不
成シテ訟爭破敗ヲ招クト知ベシ故ニ此卦ハ貞正
和從ナレバ平ニシテ災害少シ又剛情不敬ナル人ハ
大ニ官難財失アラン深ク愼ベシ物ニ進ムモ利アラズ
退キテ其常トスル處ヲ守ルニ宜シ又我意ニ募テ君

臣父兄或ハ妻子等ニ離レ遠ルカ何レ住處ニ安意成ガタシ義理ヲ棄テ自己ニ事ヲ起サントスルノ望アレドモ止ルニ宜シ必手違損失有ベシ悪ト知テ事ノ止難ノ意アレバ慎ベシ

親類　婦人ニ附テ損失有カ驚苦アラン
十二否　貞明堅固ナラザレバ大ニ憂悲災害有ベシ
卌四姤　住處ニ辛勞有ベシ色ニ溺ルヽ事勿レ

渙　爲トシ守トキハ後ニ宜キヲ得ン
卌五萃　静ニ時ヲ待トキハ親シキ人ノ助アラン
卌七困　何事モ人ノ異見ニ順フベシ

天時　雨降テ暫ノ辰ニハ日ニ晴ル
願望　横合ニ障有テ終ニ事空シカルベシ
待人　間違有テ來ラズ假内ノ日ヲ待ベシ

婚姻　見合ベシ後必破談ニ及ナラン
生産　産後病ノカ伺レ配有ハ男ヲ生
得物　得カタシ其上空シク手間トル

疾病　危シ水邉カ戌亥ノ間ノ神ニ祈ヘシ　醫方　藥違ノ事ヲ用心スベシ子ノ方宜シ　失物　出カタシ強テ尋レハ争アルベシ

變宅　動替ルニ凶シ靜ニ時節ヲ見合ヘシ　訴訟　我意ニ募ル人ハ大ニ公難有ベシ　走者　水邉カ戌亥ノ間ニ隠ル、出ガタシ

旅行　宜カラズ止ルヘシ必途中ニ驚有ヘシ　仕官　事調フ𪜈終ニ破ル事有ヘシ　抱人　我意ノ強キ人ナリ後自ラ去ル

賣買　舊キヲ守ニ宜シ圖ニ進シテハ損失アラン　高下　上ル様ニシテ下ルナレ𪜈油断ナラス　夢　親シキ人ト争論スル事ナカレ

䷆ 地水師

師者衆也此卦ハ軍師ノ義ナリ古昔軍旅アレバ諸役ヲ民ニ命ジ農兵ヲ用ユ則チ坤ヲ順トシ農トス坎ヲ血トシ險クシテ兵ニ象ル六五ハ君將ノ位九二ハ師臣ノ

場ナリ陰ハ暗弱ニシテ陽ハ剛明ナリ九二ノ師臣六五ノ君將ヲ補佐シ五陰ノ衆兵伍列ヲ為テ軍ヲ出ス則チ元師ノ象ナリ師ハ衆ヲ動シ命ヲ喪フノ凶器也聖人不得已シテ誅暴討亂若師哲ノ器量無キ人軍ヲ出サバ忽チ國ヲ失ヒ衆ノ命ヲ喪フ坤土ヲ以テ坎水ニ投レバ土水和セズシテ亂軍ノ象ヲ見ス一旦濁リテ後土静マリ水清ムハ治國平呑ノ象ナリ總テ師ハ人ノ惑ヲ解モノナレバ必シモ容易ノ事ニアラズ動クニ節

ト義ヲ以テ不爲バ無名ノ軍ニシテ名不正ガ故ニ終ニ大敗アラン可懼可愼此卦ハ師德ノ賢才アル人ハ平ニシテ咎ナシ惰弱不賢ナレバ師哲ノ義理ニ違フカ故ニ大ニ凶敗有ベシ諸事其義理ヲ正シテ事ノ靜カナルニ宜シ己ヲ高振リ人ノ異見ヲ不聞ノ意アリ愼ベシ我意ニ募テ自ラ爭ヲ求ル事勿レ又親キ人ニ付テ損失心配有ヘシ新規ノ事ハ勞シテ功ナシ舊キヲ守ニ利シ又住處ニ窮苦有テ動ノ意アレドモ見合スベシ

初臨 婦分ガ目下ノ者ニ付テ口舌争ヲ愼ベシ
二坤 親シキ人ノ為ニ損失心配有ベシ
三升 愼深キ人ハ後大ニ貴上ノ助情ヲ得ル

四解 舊ヲ守テ靜ナレハ事宜ク調フベシ
五坎 貞正不成ハ大ニ凶シ常トスル處ヲ守ヘシ
六蒙 物ノ間違障有ヘシ妄ニ進ムトキハ大凶

天時 忽チ降テ其日晴ルナレモ子酉ノ日ハ雨
願望 目上ニ障有テ調フ事ナシ見合ベシ
待人 彼是日間入有テ不来卯辰酉ノ日ヲ待ヘシ

婚姻 初縁ハ不成再縁ハ後漸々ニ調フベシ
生産 初胎ハ男次ハ女ナルベシ辰酉ノ日産
得物 障有テ得カタシ必口舌有ベシ

疾病 溼痰積聚ニテ急ニ治シガタシ長引ベシ
醫方 北カ未申ノ間ニテ占カノ醫ヲ可尋
失物 西南ノ間カ水邊ニテ能吟味スベシ

變宅 動ニ不利止ルニ宜シ他ニ移ラハ口舌アラン
詞訟 我意ニ募ル人ハ人ニ驚苦有ヘシ
走者 急ニ出カタシ未中ノ間ヲ尋ベシ

旅行 藝術ヲ以テノ旅ハ宜シ外ハ見合ヘシ
仕官 横合ヨリ障有ヘシ强テ求レハ争アリ
抱人 我意ノ强キ人ナリ大抵見合スベシ

賣買 月積ノ物ハ大ニ損失有ベシ
高下 高キ様子ナレド次第ニ下ルベシ
夢 水邊ノ夢ハ凶トス外ハ別事ナシ

## ䷇ 水地比

比者和也此卦ハ九五ノ一陽尊位ニ在テ萬國ヲ撫養ス殘リ五陰ハ一陽ノ君德ヲ仰ギ尊敬服從スルノ義ナリ則チ衆星拱北スルノ象坎水坤地ト共ニ陰ナリ其陰ナルモノ二ツ比ブヲ以テ卦名ヲ比ト云比ハ貴賤親疎ヲ論ゼズ和實直正ヲ以テ廣ク衆ニ親ムノ謂ナリ其親シミ和從スル事水ノ地ト行ガ如ク水土和合シテ不離互ニ其用ヲ相助成ス故ニ比ハ親輔ナリト云此

卦ハ貞正和順ナレバ發達顯名ノ時トス故ニ事理曲直ヲ正シテ進退トモニ事ノ速カナルニ利シ剛情惰弱ニシテ物ニ疑惑スル人ハ吉ヲ逃シテ後悔損失アラン愼ミシ老人貴上ヲ以テ事ヲ計ルトキハ大抵事ノ通達アルベシ又不實短慮ノ人ハ住處ニ驚苦破敗ヲ招ト知ベシ或ハ余義ナキ人ノ爲ニ世話事有カ又内證ニ物入有ヘシ何事ニ不依自己ノ了簡ヲ捨テ衆ノ異見ニ順フトキハ扎カ未申ノ間ニテ必幸慶有ベシ

初屯　横合ヨリ故障ノ起ル事ヲ用心スベシ　二坎　何事モ貞正ニ不慎ハ大ニ損失心配アルベシ　三蹇　物事静カナルニ利シ妄ニ動トキハ大凶

四萃　實情深キ人ハ次第ニ家慶榮昌有ベシ　五坤　舊キヲ守テ事ノ静カナルニ宜シ　六觀　藝能ヲ以テ動トキハ大ニ高名ヲ得ル

天時　曇テ終ニ雨降ニトス卯酉ノ日時ヨリ晴ル　願望　隠者カ婦人ヲ以テ頼トキハ調フ　待人　子卯酉ノ日必ス音信アルベシ

婚姻　未申ノ間カ目上ノ人ヲ頼ベシ終ニ調フ　生産　晝ノ産ハ男夜ハ女子ナラン子午ノ日　得物　信心深キ人ハ得ル不實ノ人ハ空シ

疾病　長引テ大切ナルベシ北ノ方ノ神ヲ祈ルベシ　醫方　北カ神社ノ邊ニテ老人カ官醫ヲ頼ベシ　失物　急ニ吟味スレハ出ル水邊カ西南ノ間ニアリ

變宅　大抵宜シ手間取レハ障有テ事ナラズ　訴訟　早ク和談スベシ理強キハ大ニ凶　走者　西南ヨリ行先ヲ告ル隠者婦人ノ家ニ忍

旅行　連アラハ大ニ宜シ手間取レハ邪魔入ル　仕官　貴上ノ人ヲ頼ベシ春ハ障アラン　抱人　下卦變スレハ凶ニ後必損失有ベシ

賣買　人ノ異見ニ随テ速カナルニ利シ　高下　動カタシ日數有テ後ニ下ルナラン　夢　大ニ宜シ親シキ人ノ助カヲ得ル

䷈

## 風天小畜

小畜者塞也此卦ハ一陰六四ニ居テ五陽ヲ止ム而モ止メ得ル事不能陰陽相和スルトキハ雨ヲ降ス然ルニ此卦五陽一陰ナレハ陽ノ升ルモノハ多ク陰ノ降ルモノハ少シ故ニ雨降ントシテ降ラズ則チ密雲不雨ノ象陽ノ陰ヲ畜ルハ順陰ノ陽ヲ止ルハ逆ナリ總テ陽ノ働ハ大ニシテ陰ノ働ハ小ナリ一陰ヲ以テ五陽ヲ止ルガ故ニ畜ル處小ナリ依テ卦名ヲ小畜ト云風天上ニ有テ下ヲ吹不レ恵内剛健ニシテ外巽

順ナリ又二五皆中正ニシテ剛陽ナルガ故ニ能ク事ヲ
爲ノ才有ヲ以テ亨ノ義アリナレドモ事速ニ不成ト
知ベシ故ニ此卦ハ願處有テ不果成ル事有テ遲シ諸
事時節未知ト知テ貞固ニシテ時ヲ可待事ノ始ハ様
子宜シト雖モ物ノ間違ヨリ不圖損失心配ナル事
有ベシ自己ノ了簡ヲ離テ宜ク人ノ指圖ヲ受ベシ
女ノ爲ニ惡説ヲ請ルノ意アレバ深ク可慎物ニ疑惑
有テ決定成ガタキノ意アリ

初巽　印形書物等ニ付テ驚動損失アルベシ

二家人　靜ニ事ヲ待ベシ後家慶アラン

三中孚　貞正ナレハ親シキ人ノ助ヲ得ル

四乾　不實不正ナレハ大ニ事ヲ仕損スルナラン

五大畜　心外ナル事アレド時節ヲ待ベシ

六需　物事舊キヲ守ヘシ住處ニ心勞アラン

天時　曇トモ雨ナシ子酉ノ日ヨリ空變ズ

願望　物ニ不足有テ終ニ調ガタシ

待人　障有テ其人來リガタシ

婚姻　初緣ハ不成再緣ハ不足ナレドモ調フ

生產　女ナラン辰巳酉ノ日或ハ月延ル

得物　急ク時ハ得ガタシ靜ナルニ宜シ

疾病　長引テ不治唯藥功見エガタシ

醫方　藥違ヲ用心スベシ北カ辰巳ノ間宜シ

失物　油斷ヨリ失ハノニリ南東ノ間ニ有ベシ

變宅　夏ハ凶シ人ノ異見ニ付テ動ニ宜シ

訴訟　理非分リカタシ却テ損失有ベシ

走者　走テ悔ムトモ不出戌亥カ南ニ隱ル

旅行　利欲ノ旅ハ凶シ常ノ旅ハ吉カラス

仕官　手間取テ事不成見合ベシ

抱人　不足有テ終ニ去ルベシ

賣買　急ニ動トキハ大キニ凶シ舊キヲ守ベシ

高下　急ニ動カタシ久シフシテ後下ル

夢　親キ人ト爭カ物ニ不足アルベシ

䷉

## 天澤履

履ハ禮也此卦ハ兌ノ少女乾ノ父ニ從テ貞操ノ敎示ヲ受ル則乾ハ貴シテ上ニアリ兌ハ賤シテ下ニ居リ是自然ト貴賤上下ノ品別ヲナシ又其禮節ヲ辨フノ義ナリ兌ノ至弱ヲ以テ乾ノ剛健タル其後ヲ躡ムガ故ニ虎ノ尾ヲ履ムニ象ル兌柔先立トキハ必人ヲ咥フ乾剛ノ後ニ隨テ行トキハ危窮ニ臨ムトモ傷害有マシ此ヲ以テ人ヲ不咥亨ト云ヘリ總テ人ニ先立ニ不利人ノ後ニ從テ進ムニ利

乾剛ヲ以テ兌柔ノ薄氷ヲ履ムヲ以テ不實短慮ノ人ハ公難有カ何レ住家ニ驚動ナラン可愼此卦ハ物事進ニ不利舊ヲ守テ事ノ靜カナルニ利シ自己ノ了簡ヲ先トスルトキハ大ニ後悔損失アルベシ進退トモニ貴上父兄ノ異見ニ順ナレハ利シ又小人婦女ノ爲ニ口舌爭論ノ起ル意アレハ色情ヲ愼ムヘシ

初訟　貞正其身ヲ不愼ハ大ニ損失憂苦有ベシ　二无妄　内形書物ニ付テ損失驚動アルベシ　三乾　目上ノ人ニ怒ヲ請ルカ又憂悲ナラン

四中孚　實情ノ人ハ身ノ上ニ宜キ事アルベシ　五睽　物事至テ不愼ハ大ニ心配アラン　六兌　始ハ物ニ驚アルトモ後終ニ幸悦有ベシ

天時　曇ドモ雨降ラズナレドモ子酉ノ日ヨリ降ル
願望　事理正キ事ハ必ズシウシテ終ニ叶フ
待人　途中ニ障アリテ急ニ来カタシ

婚姻　初縁ハ必是障有ベシ再縁ハ破テ後調フ
生産　子辰ノ日女ナラン ナレドモ驚有ヘシ
得物　宜キ様子ナレドモ手ニ入ル事ナシ

疾病　女ハ軽ニ男ハ重シ長引ノ急ニ治セズ
醫方　水邊カ戌亥ノ間ニテ能吟味スベシ
失物　婦人隠者ヲ以テ尋レハ急ニ出ル

變宅　見合ベシ家内ニ女難カ争有ベシ
訴訟　互ニ無益ナラン早ク和談スベシ
走者　急ニ不知西北ノ間カ女ニ縁ニテ隠ル、

旅行　止ルベシ途中ニ損失驚キアルベシ
仕官　女ノ為ニ障有ベシナレドモ秋ハヨロシ
抱人　永住成ガタシ後ニ女難アルベシ

賣買　舊ヲ守ヘシ新規ノ事ハ宜カラスト知ベシ
高下　秋冬ノ間ハ次第ニ下ルベシ
夢　信心深キ人ハ障ベシ不實ナレハ大ニ凶

䷊
地天泰

泰者通也此卦ハ陰陽升降シテ天地萬物ヲ生育シ

交通ノ道ヲナス氣ハ陰ニシテ自下升リ形ハ陽ニシテ自上降ル坤ノ地氣升ルハ微少ニシテ而モ不速乾陽形ヲ降スハ速ニシテ大ナリ以此小往大來ルノ象トス陰ハ物ヲ消殺スルノ氣ナレバ小人ニ象リ又陽ハ物ヲ生養スルノ氣ナレバ君子ニ象ル卦象ハ坤ノ小人野外ニ走リ乾ノ君子内ニ在テ賢人位ヲ得道行ハルヽガ故ニ小人君子ヲ害スル事不能朝庭泰平ヲ唱ルノ時ニシテ通泰ノ義ナリナレドモ天陽久シク地下ニ屈伏スル

モノニ非ズ天地交通スト雖モ其位不正ナルガ故ニ健
陽升ルニ及デ地是ガ為ニ窮迫シ其居既ニ傾キ倒ニ
トス實ニ君子不成トキハ吉慶始終保事不能小人ハ其
泰吉ノ時ニ乗ジテ驕奢ニ募リ惰弱不正ナルガ故ニ終ニ國
家ノ衰敗ヲ招ト知ベシ此卦ハ直實貞明ノ人ニハ吉トシ剛
情不實ノ人ニハ凶トス物ノ始ハ吉ナレドモ半途ニ至テ不圖
間違ヨリ親キ人ト口舌爭論ノ起ル事アラン深ク可愼
又義理ニ引レテ内證ニ損失世話事有ベシ已ヲ高振

人ノ異見ヲ不聞ノ意アリ慎ベシ小人婦人ノ爲ニ心外ナル事アレドモ辛抱スベシ短慮ニシテ自ラ損失破敗ヲ求ル事勿レ又住處ニ付テ思フ事アレドモ止ルニ利シ此卦ハ自吉シテ凶ニ趣ル事速カナリ又否ノ卦ハ自凶ニシテ吉ニ向フガ故ニ泰ハ吉卦ナレドモ慎ノ淺深ニ依テ吉凶甚シキ有ノミ

初升　貞正堅固ナレハ次第ニ發達ス不正ノ人ハ大凶

二明夷　大ニ凶シ物事深ク慎ヘシ災害アラン

三臨　女難カ或ハ父兄又ハ親シキ人ニ争ノ起ル意

四大壯　我意ヲ捨テ人ノ異見ニ順フベシ

五需　舊キヲ守テ時ヲ待ベシ

六大畜　住居ニ心配有ニ性急ナレハ破アラン

| | | |
|---|---|---|
| 天時　曇テ雨降ルナレ𪜈辰巳未ノ日晴ル | 願望　婦人隱者ノ緣ヲ以テ調フベシ | 待人　辰戌ノ日ニ音信アルベシ |
| 婚姻　再緣ハ調フ初緣ハ障有テ破談ニ及 | 生産　初産ハ女ナラン辰巳未ノ日産ム | 得物　未申ノ間カ女ヲ賴ムヘシ |
| 疾病　心腹痛テ長引ヘシ二四六ノ變ハ死ス | 醫方　未申ノ間ニテ官醫ヲ求ヘシ | 失物　物ノ下カ戌亥ノ間ニ有ベシ |
| 變宅　動ニ利アラス人ノ異見ニ順フヘシ | 詞訟　始樣子ヨロシナレ𪜈後大ニ凶 | 走者　女カ親キ人ノ家ニ隱ル、知レカタシ |
| 旅行　吉ナリ併シ女ニ付テ散財有ヘシ | 仕官　貴上カ未申ノ間ノ人ヲ以テ調フ | 抱人　當時ハ宜シナレ𪜈後ハ不正アラン |
| 賣買　入用程仕込ヘシ余分ノ事ハ凶シ | 高下　初ハ下リ後久シウシテ漸々高クナルヘシ | 夢　吉ナリ併シナカラ女色ヲ愼ムヘシ |

☰☷

## 天地否

否者塞也此卦ハ乾坤ノ二氣閉テ不通塞テ不交、

象乾ヲ君子ニ象リ坤ヲ小人ニ譬フ陽ハ大ニシテ速カナリ陰ハ小ニシテ遅滞スル事ヲ主ル卦象ハ乾ノ君子外ニ遁レ坤ノ小人内ニ集リ恣肆妄行ヲナスガ故ニ乾臣去テ其諫無レバ坤ノ小人益々時ヲ得テ國政ヲ亂ス則天地否塞ノ時ナレバ剛明賢忠ノ臣トイヘドモ其道不通ハ如何トモ爲事不能況ンヤ惰弱不明ノ俗人ヲヤ有徳ノ君子ヲ逃ニ奸邪ノ小人來ルヲ以テ大往小來ノ象トス故ニ功名權勢有人時ヲ見合セ

宜ク事ヲ避退カザレバ小人婦女ノ為ニ必災害ニ遇フ
事アラン慎ベシ故ニ此卦ハ諸事貞正ニメ其舊常ヲ守
ルニ利シ又我意利口ヲ出シテ妄ニ物ヲ移變スル時ハ大ニ
憂苦破敗有ベシ物ノ塞テ不通ノ義アレバ何事モ時節
未至ト知テ氣長ニ事ヲ可待事理分明ナル事ハ久シ
カラズシテ終ニ顯名發達ノ時ヲ得ベシ剛情不正ノ人ハ
住處ヲ動カ或ハ表向ノ事ニ付テ目上ノ人ノ咎ヲ受ルノ
意アリ可慎親キ間ニ怒ヲ含カ又病痛有ベシ

初 无妄　不實ノ下平ハ公難アルカ又ハ損失憂アルヘシ

二 訟　物ノ間違ヨリ爭有カ又ハ住處ニ心配アルヘシ

三 遯　何事モ人ノ異見ニ順フニ宜シ

四 觀　妄ニ動クトキハ大ニ惡評ヲ得ル慎ベシ

五 晉　心身堅固ナレハ貴正ノ助ヲ得ル

六 萃　爭ヲ慎ニ女難ヲ可防後大ニ宜シ

天時　曇トモ雨ナシ上卦動トキハ必晴ル

願望　急ニ叶カタシ又横合障アラン

待人　障有テ不來初六ノ變ハ遲ク來ル

婚姻　互ニ物ノ間違アレトモ再縁ハ破テ後調フ

生產　月延ルカナレトモ卯午酉ノ日產ム

得物　表向ニ物ノサハリ有テ得カタシ

疾病　長引テ治シカタシ又上卦動ハ大抵治ス

醫方　急ニ藥功不見ト雖未申ノ間ヨロシ

失物　出カタシナレトモ後ニハ出ル

變宅　進退トモニ今ハ不宜見アハスヘシ

訴訟　春夏ハ利ヲ失フ靜ナレハ後宜シ

走者　深ク隱レテ知カタシ西南ノ間ヲ尋ヘシ

旅行　止ルニ宜シ必途中ニ損失病苦有ヘシ

仕官　再三破レテ漸ニ調ナレトモ大ニ遲シ

抱人　見合ヘシ不足アリテ終ニ去ル

賣買　何レモ暫時ヲ可待急トキハ大ニ凶シ

高下　持合テ動カタシ初五ノ變ハ後上ル

夢　不信心ナレハ無實ノ災難ニ遇フベシ

䷌ 天火同人

同人者親也此卦ハ天陽上ニアリ離火其下ニ居ル火ノ性ハ炎上スルノ者ナレバ其働キ乾ノ大陽ニ同ジ一卦六爻ノ内ニ唯陰ハ一爻ナリ殘リ五陽ハ皆此一陰ヲ望ミテ離ル、事ナシ則同人ノ義ナリ親疎遠近ヲ不言歡樂憂困總テ他ト共ニ同ウスルヲ以テ卦名ヲ同人ト云

乾ヲ君子トシ又大川ニ象ル離ヲ日ニ象リ明トシ麗トス君子ハ私愛ヲ以テ天理ヲ不レ害事公ニシテ物ニ

不レ迫廣ク天下ノ衆ヲ愛スルガ故ニ其敵トナルモノナシ依テ如何ナル大川ノ急流ヲ渉ルトモ其心剛明ニシテ衆ト同シキガ故ニ陷溺スル事ナシ則利レ渉ニ大川ヲ利ニ君子ノ貞ノ謂ナリ親ムト雖モ僞實邪正アルガ故ニ離ノ明察無ンバ有ベカラズ小人ハ己ニ愛スルヲ親シミ又不レ愛ヲ疎ミ悪ンデ讒害スルコト是世俗私愛ノ通情ニシテ君子ノ貞ニアラズ卦德ノ義理ニ違フガ故ニ大レ凶ト〻レ此君子ナルトキハ吉ニシテ小人ナルトキハ憂

悲災害アラン可畏可愼此卦ハ義理明正ナル事ハ利シ不實陰謀ナル事ハ大凶トス姦佞邪智ノ人ハ思ガケナキ事ヨリ住處ヲ動カ或ハ貴人恩人ノ心ニ違フテ大ニ後悔損失ナル事アリ深ク愼ベシ我意ヲ捨テ人ノ異見ニ順フニ宜シ親類縁者等ノ中ニ余義ナキ世話苦勞ノタヘル事アルベシ正直溫厚ノ人ハ親キ人ノ助情ヲ得ルカ何レ家内ニ幸慶ナル事有ベシナレバ女難ヲ防グベシ

初遯　物ノ間違ヨリ大ニ心配有テ住處ヲ動　二乾　昔ヲ守テ靜ナルニ宜不正ナレバ大凶　三无妄　印形書物ノ事ニ付テ爭論アラン

四蒙　婚姻養子採ノ世話事有カ何レ宜シ　五離　不正ノ人ハ住處ヲ動カ目上ノ人ニ離ル、　六革　貞正ナレハ物ヲ改マリテ宜キ事アリ

天時　雨降ルトモ忽チ晴ル酉ノ日ハ降ル　願望　老人カ貴人ヲ頼ムベシ貞正ナレハ事調フ　待人　連有カ物ヲ持來ル卯辰酉ノ日ヲ待ベシ

婚姻　夏ハ故障アラン其余ハ大抵宜シ　生産　歳長ノ後大ニ立身アルベシ辰酉ノ日産ム　得物　貞正ナル人ハ其半ヲ得ベシ

疾病　春夏ハ次第ニ凶シ初三六ノ變ハ死ス　醫方　巳午ノ間ニテ求ムベシ北ノ方ハ大ニ凶シ　失物　出カタシ南カ或戌亥ノ間ニテ尋ヌヘシ

變宅　進退トモニ他ノ異見ニ従フベシ　訴訟　貴人ノ助アレトモ早ク和談スベシ　走者　南ヨリ東ニ走ル連アリ後知ル

旅行　初三ノ變ハ見合スヘシ外ハミナ宜シ　仕官　東カ戌亥ノ間ニテ終ニ調フベシ　抱人　大抵宜シナレトモ夏ハ見合ベシ

賣買　其道ノ人ニ順フベシ我意ハ大凶　高下　上ルナレトモ初六ノ變ハ後下ルヘシ　夢　信心深キ人ハ身ノ上ニ幸悦有ヘシ

䷍ 火天大有

大有ハ寛也此卦ハ離火ノ一陰明徳ヲ以テ六五ノ君位ヲ得五陽ノ賢臣仰之皆尊崇スルノ象離ノ日輪乾ノ天上ニ在テ四海萬國ヲ照ス則日中天ニ麗ノ象陰ヲ無トシ小トス陽ヲ有トシ大トス一陰ヲ以テ五陽ノ有大ヲ有其所有大也故ニ卦名ヲ直チニ大有ト云人モ如此ニシテ發達高名ヲ顯ノ時ナリナレドモ日モ中天ニ在レバ傾ニ早ク月モ盈ル時ハ既ニ虧ル況ンヤ人道ニ於ヲヤ時勢何ノ久シキ事アラン可畏可慎實ニ

君子ノ寛仁明哲ニアラザレバ卦ノ位徳ニ違フテ始ノ吉慶後ノ大患トナル事アラン可慎此卦ハ寛仁明哲ノ器量無キ人ニハ凶トス不正剛情ナレバ不圖物ノ間違ヨリ貴上父兄ノ怒ヲ請ルカ或ハ婦女ノ爲ニ辱ヲ得ル支アラン可防諸事自己ノ一了簡ヲ捨テ他ノ異見ニ順フニ利シ己ヲ高振リ人ノ惡ヲ請ルノ意アリ可慎物ヲ見定タル事有テ不圖ニ心ノ進ム事アレ𪜈止マルニ宜シ又親シキ人ニ付テ憂悲散財アルベシ

初鼎　貞正ナル人ハ身ノ上ニ幸悦アルベシ
二離　住處ヲ動カ憂悲ヲ招ク不慎ハ大凶
三睽　目上ノ方ニテ間違障有ベシ動ニ凶シ

四大畜　舊ヲ守ヲ靜ナルニ宜シ進ムニ大凶
五乾　貴上ノ人ニ背事勿レ必損失後悔アルベシ
六大壯　藝能修行ノ類ハ宜シ其余ハ常ヲ守ルベシ

天時　雨降ヲ忽晴ル夏秋ハ四六變シテ雷
願望　義理正シキコトハ必貴人ノ助情ヲ得
待人　辰巳酉ノ日來ルナレトモ遲シ

婚姻　性急ナレハ破ル、初四ノ變ハ調フベシ
生産　辰巳ノ日産ムベシ其子女ナラン
得物　事大ニシテ得ルコトガタシ障有ベシ

疾病　九死ニ生ナルベシ二五ノ變ハ長引
醫方　戌亥カ南ノ方ニテ官醫ヲ求ムベシ
失物　高處カ戌亥ノ間カ又神佛ノ邉ヲ尋ベシ

變宅　老長ノ人ニ順ベシ性急ナレハ破ル、
訴訟　勝利ヲ得ルナレ𪜈言募ル人ハ大凶
走者　西北ノ間カ寺屋鋪ノ邉ヲ尋ベシ出ル

旅行　春夏ハ不宜ナレ𪜈參宮ノ類ハヨロシ
仕官　夏秋ハ大抵調フ老人貴人ヲ頼ベシ
抱人　高振ル心アル故ニ永住成ガタシ

賣買　其道ノ人ニ順ベシ我意ヲ出スニ凶シ
高下　大ニ高クナルベシ去𪜈油斷ナラズ
夢　不正ノ人ハ大難カ目上ノ人ニ離ル、

## ䷎ 地山謙

謙者退也此卦ハ艮山ノ高キ徳ヲ以テ却テ坤ノ卑キ地下ニ居レリ是自然ト謙遜ノ象ヲ示ス君子ハ己ヲ謙遜シテ人ニ不傲ガ故ニ其徳益々光ル小人ハ此ニ反シテ功勞アレバ人ニ傲テ驕奢強ク其慎ミ無キガ故ニ謙ノ卦徳ニ違テ大凶トス總テ驕傲ノ氣質アルモノハ貴賤ニ依ラズ終ニ其事ヲ遂ル事能ハズ人ノ為ニ必抑ラルヽ事アリ謙讓ヲ守ルモノハ物ニ支ル事ナシ譬ハ我人ニ屈スレ

八人モ亦我ヲ引伸シテ其謙遜ナルヲ賞スルハ皆人道ノ恒ナリ以此謙道ハ君子ノ守處ニシテ脩身第一ノ要務ナリ故ニ謙ハ易中ノ最第一ノ吉卦ニシテ六爻共ニ皆其辭利シ此卦ハ事實直正ナル事ハ吉ナレ𪜈剛情不實ノ人ニハ凶トス親子兄弟等ニ付テ心配不足ナル事アルベシ性急短慮ナレバ住處ヲ動カ或ハ親シキ人ニ離レ遠カルノ意アリ可慎人ノ異見ニ付テ事ノ静ナルニ宜シ妄ニ進ムトキハ大ニ損失破敗ヲ招ト知ベシ

初（明夷）目上ノ人ニ離ルカ又住處ニ心配有ベシ凶　二升　貞正ナレハ次第ニ身ノ上ニ幸有ベシ　三坤　事ノ靜ナルニ宜シ親シキ人ニ辛勞有ベシ

四小過　半途ニシテ物ノ破有カ間違損失有ベシ　五蹇　不慎ノ損失後悔有ベシ舊ヲ守ル宜シ　六艮　物ニ隔有テ通達成ガタシ

天時　曇テ雨ソリ急ニ晴カタシ夏秋ハ雷アリ　願望　貞正ナル人ハ漸々ニシテ調ト知ヘシ　待人　余義ナキ事有ノ遅シ卯未ニ来ル

婚姻　初縁ハ障有テ破ル再縁ハ破テ後調フ　生産　月延ルカ産前難ム卯午ノ日男ヲ産ス　得物　正シキ事ハ人ノ助ヲ得テヨロシ

疾病　腹腰ニ痛有カ倒レ長引老人ハ死ニ近シ　醫方　未申ノ間ニテ實意ノ醫ヲ賴ヘシ　失物　物ノ下カ東北ノ間ニテ可尋急ニ不出

變宅　人ノ異見ニ付テ進退圧ニ我意ヲ戒　訴訟　人ヲ賴ミテハヤク和談ヲナスベシ　走者　西南ノ間ニテ淋シキ處ヲ尋ヘシ

旅行　大抵宜シケレ圧春冬ハ見合スベシ　仕官　急ニ不調ナレ圧後漸々ニ叶フ　抱人　二三ノ變ハ宜ニ外ハ見合スヘシ

賣買　舊キヲ守ヘシ又我意ヲ出スニ凶　高下　急ニ動事有マシ年ヲ越テ後下ル　夢　信心フカキ人ハ大ニ幸慶アラン

# ䷏ 雷地豫

預者悦也此卦ハ陽ノ始テ夏至ヨリ次第ニ秋冬ノ陰ニ閉ラレ潜屈シテ春分ノ候ヲ得其地中ヲ出ントシテ雷動奮發スルガ故ニ萬物皆和暢スルノ時ナリ卦象ハ一陽九四ニ在テ大臣時ヲ得上下ノ五陰トモニ力ヲ合テ幼君ヲ輔佐スルノ象震ノ動ニ坤ノ順ヲ以テ動ガ故ニ動テ吉トス則震ノ剛將上ニ動ヲ以テ坤ノ衆兵下ニ從ノ從テ動トキハ人心皆一致シテ背カ

ナシ以此利建侯行師ト云ヘリ人心ノ誠一ニ知スルヲ以テナ
祭祀ノ吉占トス故ニ此卦ハ百年發達豫樂ノ時ニ
シテ人モ立身出世ニ向フト可知ナレモ豫ハ悦テ又怠
ルノ義アレハ小事ト雖モ物ニ猶豫懈怠スル事ナク事
義ヲ正シテ速カナル利ニ又事成テ後再物ノ破ヲ
含ムノ意アリ可愼舊キヲ棄テ新ニ事ヲ起スカ或ハ
住處ヲ動テ身ヲ達セントスルノ意アリ大抵宜シト雖モ
老人貴上ニ尋テ時節ノ遲速ヲ可圖我意ヲ出スニ凶ニ

初震 印形書物ニ付心配 有力目上ヲ愼ベシ

二解 實情ノ人ハ次第ニ 宜シ不正ナレハ大凶

三小過 間違ヨリ大ニ損失 有力住處ヲ動ク

四坤 親トノ人ニ損失世話 事可有靜ナルニ宜シ

五萃 貞正ナレハ大ニ宜シ 又女難ヲ防ヘシ

六晉 大ニ宜シナレモ一圖 ニ進ム事ヲ愼ベシ

天時 晴ルレトモ夏秋ハ子 卯ノ日ニ霧雨アラン

願望 東ノ方ノ貴人ノ力 老人ヲ以テ叶フ

待人 連アリ早ク來ル 卯酉ノ日ト[illegible]

婚姻 始ハ障アレド後調フ トレド爭ヲ愼ベシ

生産 初産ハ男次ハ女卯 [illegible] 未申ノ日産ム

得物 春ハ得ヘシ秋冬ハ 障有テ空シ

疾病 急病ナレハ死ス 上神ヲ祀ルベシ

醫方 住居ヨリ北方 東ノ方ヨロシ

失物 西南ノ間ニテ高 キ處ヲ尋ヘシ

變宅 官祿有人ハ大ニ 宜シ俗人ハ半吉

訴訟 我意ニ募ル事ヲ 可愼勝トナル

走人 初ハ東ニ行後 未申ノ間ニ[illegible]

旅行 酉戌亥ハ宜シ其 外ハ見合ヘシ

仕官 秋冬ニハ障有ヘシ又 [illegible]ヲ頼テナル

抱人 苦ニカラズトモ[illegible] 秋ハ能吟味スベシ

賣買 東ノ人ノ指圖ヲ受ヘシ 信心深キ人ハ大吉

高下 上ルナレトモ秋冬 ノ間ハ動ナシ

夢 大ニ宜シナレトモ住 居ヲ動クトアフ

## ☱☳ 澤雷隨

隨者順也此卦ハ雷ノ澤中ニ潜テ動静時ニ隨フノ義ナリ兌ヲ悦トシ客トス震ヲ動トシ主トス上卦兌ハ悦下卦震ハ動ク悦テ動キ隨フノ事或ハ不實不正ナル事多シ卦ハ隨順ヲ吉トスレ𪜈其隨フ處ノ虚實邪正ヲ詳ニ不爲ハ隨テ後ニ大ニ災害汚名ヲ得ル事アラン可慎君子ハ時ヲ知テ道理ニ不昧ガ故ニ无爲ニシテ自己ノ明鑒ヲ不勞時ト𪜈ニ宴息スルノ象以此隨元亨利貞无

咎故ニ説ヲ以人ニ順フ動者ハ皆不正明ナルヿ多シ能ク愼シテ貞明ニ順フトキハ百事吉兆トス此卦ハ物事其舊常ヲ守テ人ト和順ナルニ宜シ我意ヲ以テ人ノ諫ヲ不用性急短慮ニ事ヲ計ルトキハ一旦事成ルト雖モ終ニ悔損アラン可愼義理ニ迫テ是非ナク思事ヲ捨ルノ意親キ人ニ付テ勞アルカ又女難ヲ可愼他國ノ人ニ親ム意ナリ

初萃　貞正ナレバ貴人ノ親愛ヲ得大ニ宜シ

二兌　不計シテ親キ人ト爭論スルカ色情ヲ愼ベシ

三革　人ノ異見ニ順フテ身ヲ改メ事ヲ定ルニ宜シ

四屯 新規ニ事ヲ始ルニ凶シ 静ニ舊ヲ守ルニ吉
五震 印形事間違有カ争 アリ何レ静ナルニ宜シ
六无妄 不正不實ノ人ハ大ニ悪 難損失アリ慎ベシ

天時 雨降テ忽晴ル夏 秋ハ雷有ベシ
願望 事理ヲ正シテ目上 ノ人ニ順フニ宜シ
待人 連有テ来ルナラン 子酉ノ日ヲ待ベシ

婚姻 調フナレモ初縁ハ 少シ障有ベシ
生産 子卯酉ノ日産ス 女子ナルベシ
得物 春秋ハ信心ナレバ大 抵得ルコアリ

疾病 長引テ急ニハ不治 水邊ノ神ヲ祈ベシ
醫方 住居ヨリ東カ北 ヲ以テ吉トス
失者 油断ヨリ失フナリ水 邊カ東ニ有ベシ

變宅 止動トモニ宜カ人ノ 異見ニ順フベシ
訴訟 貞正ナレバ勝利ト成ベシ されモ和談ニ宜シ
走者 女カ隠者ノ手ヨリ知 ル水邊ヲ尋ベシ

旅行 宜シトレモ四五ノ丈 變ヘレバ見合ベシ
仕官 性急ナルニ不利ヘ 順フテ静ニ宜シ
抱人 簡分宜シトレモ冬 ハ間違ナルベシ

賣買 我慾ヲ出スニ利アラズ 人ニ順フニ宜シ
高下 日上ニ付テ取計ヘ トキハ利アリ
夢 水邊カ婦人ヲ見ルニ宜 キナレモ女難ヲ可防

䷑ 山風蠱

蠱者事也此卦ハ艮山上ニ亢テ下ニ不レ交巽風下ニ順居スレ圧卑弱ニシテ上ニ親ミ近キテ諫ヲ支ヘ不レ能卦象ハ山下ニ風ヲ含吹出サヽトスルニ艮山上ニ在テ止レ之ナレ圧久シク止ルヿヲ不レ得終ニ吹出シテ大ニ敗亂ス皆蠱壞亂ノ義ナリ可レ恐可レ愼白事大凶ナレ圧亂極レバ治ニ復治ニ復スレバ又亂ニ終ル蠱亂ノ終ハ復治ノ始ニシテ是天運自然ノ理ナリ故ニ忠孝節義ニ逸ルノ類或ハ脩身齊家ノ事又藝術修行ノ事ニ此卦ヲ得バ卻テ吉トス總テ千辛萬苦ノ後始メテ

事ヲ遂名ヲ揚ルノ意アリナド通俗此義ニ不應此卦ハ貞明直正ノ人ハ今身ニ窮困災患アルトモ舊産ヲ守テ妄動セサレバ必ズ親シキ人ノ助ヲ得テ後安靜ナルベシ諸事進ムニ不利止退シテ事ノ靜ナルニ宜シ不正短慮ナル人ハ物ノ間違ヨリ親シキ人ト大ニ爭論スルカ或ハ俄ニ住處ニ驚動ノ事有テ心配アリ君臣父兄夫婦ノ中ニ爭アルカ互ニ心ヲ隔ルノ意アリ又物ノ續キタル事ノ破タリ敗タル事ヲ復仕始ルノ意アリ

初　大畜　住居ニ辛勞絶ズ人異見ニ順フニ宜シ凶
二　艮　宜シク止ルニ宜シ動クニ利アラズ
三　蒙　凶
四　鼎　吉
五　巽　慎マザレバ大ニ凶患アルベシ
六　升　吉

天時　曇テ雨降ルヿ多シ午丑ノ日晴ル
願望　兩三人ノ邪魔有テ叶フヿナシ
待人　日間入有テ急ニ來ルヿナシ

婚姻　宜カラズ必障アルベシ
生産　産後大ニ病苦アラン月延ルカ
得物　得ントシテ争ノ起ルヿアラン

疾病　急ニ治シガタキヿアリ大ニ苦ム
醫師　南ニ宜シナレ𪜈急ニ藥功ナシ
失物　丑寅ノ間ニアリ物ノ下ヲ見ルベシ

住家　争論ヲ出スノ家ナリ凶トス
訴訟　和談スルニ宜シ却テ破アラン
走者　争ツヿ有テ走ル遲キ時ハ驚アリ

旅行　見合ニ宜シ
仕官　障有テ調フヿナシ
抱人　縁トシ凶トス

賣買　舊ヲ守ニ宜シ新規ノヿ損アリ
高下　損多シ油斷スヘカラス變動スルニ凶
夢　信心ナラサレハ驚損アルヘシ

䷒ 地澤臨

臨者大也此卦ハ上ヲ以テ下ニ臨ム内ハ兌ニシテ説外ハ坤ニシテ順フ卦象ハ二陽下ニ長ジ四陰上ニ消迫シテ陽次第ニ盛大ナリ澤上ノ地ハ岸際トス是水ニ近キ臨ムノ義ナリ吾説シテ彼ニ順フ然𪜈説ヲ以テ人ニ順フハ正實敬禮ニノラズ其説順フ處正貞ナレバ吉トシ不正ナレバ凶トス此卦ハ物事其始ハ吉ナレ𪜈末ヲ不保思慮多シテ事理不決必疑迷フヿアルベシ親子兄弟或ハ親シキ人ニ付テ損

失口舌アラン可愼一圖ニ進ンデ跡ヱ歸リガタキノ意女色ヲ防ベシ必他人ノ評議ヲ請ルヿアリ諸事ツヽシムヘシ

初師 住居ニ不足有テ動カ争アルベシ　二復 吉　三泰 吉

四歸妹 婦人ニ付口舌有ヘシ性急ナレバ大ニ凶シ　五節 物ノ間違ニテ大ニ心支アルベシ　六頤 余義ナキ世話ゴトアルベシ

天時 雨降ルナレモ丑未ノ日ニ至テ晴ル　願望 貞正ナレハ半吉トス　待人 連ハ女ナラデ來ル子卯ノ日トス

婚姻 彼是ト障アルヘシ再三ニテ後調フヘシ　生産 安産ナルヘシ男子ナラン　得物 半吉

疾病 彼是シテ藥違ノ事ヲ用心スベシ　醫師 未申ノ間ヲ吉トス或ハ水邊ニ宜シ　失物 西南ノ間ニアリ女ニ尋ルニ宜シ

住家 商家ハ繁昌スベシナレモ口舌ヿアリ　訴訟 无益ノ論ナリ早ク和談スベシ　走者 連アルヘシ水邊ニ隱ルヽナリ

旅行　遠方ハ凶シ近キ處ノ旅ハ苦シカラス　仕官　調フナレバ人有テ破ル　抱人　女難争ノ起ルヿヲ兼テ防クベシ

賣買　見合ベシ　高下　舊常ヲ守テ宜シ損ナシナレバ利少シ　夢　物ニ評議ヲ請ル事アルベシ

## ䷓ 風地觀

觀者視也示也此卦ハ二陽尊位ニ在リ孚信ヲ以テ四陰ニ示スノ義ナリ則チ人君上天道ヲ觀下民俗ヲ觀ル天ノ神道四時不忒ヲ以テ設教天下ノ民ヲ服スル以此君子脩德政ヲ行フ風地上ヲ行偏觸ル萬物周觀ノ象トシ萬民ノ爲ニ瞻仰セラルヽノ義ナリ此卦ハ貞正ナル人

或ハ藝術ヲ以テ計ルヿハ宜シ私欲不正ノヿハ勞シテ功ナク却テ心勞損失アルベシ何トナク彼是物ノ評判ニナルヿアラン藝能ヲ以テ身ヲ起スノ類ハ大ニ高名ヲ得ベシ互ニ物ヲ疑ヒ兩方ヨリ見合シテ居ルノ意女難ヲ愼ベシ

初益　印形ノ事ノ間違アラン用心スベシ　二渙　住居ヲ動ノ意損失離別ヲ主ル　三漸　静ナレハ次第ニ宜シキヿアリ

四否　何事モ一分ノ了簡ヲ出スベカラス　五剥　凶　六比　吉

天時　半雨半晴ニシテ定カタシ　願望　貞正ノ人或ハ藝術ハ叶フ　待人　早クキタル卯酉ノ日

婚姻　間違事アルベシ破テ後調フ　生産　初産ハ女次ハ男ナリ産輕シ　得物　大抵其半ヲ得ル

疾病　長引トキハ大事アリ辰巳ノ神佛ヲ信ズベシ　醫師　西北ノ間ニ宜シ南ハ必ス凶シ　失物　出カタシ然レドモ後知ル

住家　俗人ハ不利隱者カ藝能有人ハ宜シ　訴訟　性急ナルニ凶静ナレハ勝ナ　走者　遠ニ行ベシ東南ノ間ナリ

旅行　途中ニ金錢ヲ失フヿアルベシ　仕官　貴人ヲ頼テ調フナリ　抱人　貞正ナレハ大ニヨロシ

賣買　始利ヲ得ルナレドモ油斷ヨリ損スル　高下　世間ノ沙汰宜ク十分ノ利ナシ中利アリ　夢　信心アラハ大ニ仕合ナルヿアリ

## ䷔ 火雷噬嗑

噬嗑者齧合也此卦ハ上下ノ二爻陽ニシテ外剛ナリ中虚ニシテ又九四ニ一爻陽ナルモノアリ是頤中ニ物有ノ象一物上下ヲ隔テ合進スルヿ不能君臣父子親戚朋友ノ間スベテ

和合ナラズ讒邪其間ニ在テ左右前後ヲ間隔スルカ故ナリ間隔ノ讒ヲナス者ハ天下ノ大害ナリ宜ク除去之則必百事亨通メ邪正僞實自ラ分明ナルベシ故ニ利用獄ト言ヘリ此卦ハ諸事性急ナルヿヲ愼ミ溫順和平ナレバ大ニ發達榮昌アルベシ親疎ニ依ラズ物ノ間違ヨリ口舌爭論ノ起ルヿ有用心スベシ我意ヲ止テ宜ク人ノ異見ニ順フニ利シ

初晉　吉　　二睽　大凶　　三離　貞正ノ人ニ順フテヨロシ

四頤　親シキ人ノ世話苦勞ナルヿアリ　　五无妄　不正不實ノ事ハ患難凶災アルベシ　　六震　住居驚動ヲ主ル口舌ヲ愼ムベシ

天時　雷雨アルヘシ丑未ノ日晴ル
願望　目上ノ人ヲ以テ再三頼ニ宜シ
待人　來ル午未酉ノ日ナリ

婚姻　能々正スヘシ然ルトキハ調フ
生產　產輕シ未申丑ノ日ナラン
得物　根強ク勤ムトキハ得ベシ

疾病　逆上シテ食不進長引ベシ
醫師　辰巳ノ間ヲ求ムヘシ
失物　丑寅ノ間水邊ヲ見ルヘシ

住家　信心深キ人ハ大ニ繁昌ス
訴訟　事ヲ正シテ根強キニ宜シ
走者　連アリテ西南ノ間ニ隱ルナリ

旅行　吉ナレモ途中ニ口舌アルベシ
仕官　吉
抱人　短氣ナル生ユヘ永住スルヿナシ

賣買　進ンテ静ニ時ヲ待ニヨロシ
高下　何ヿモ手出シ出シ舊產ヲ守テ見合ヘシ
夢　愼ミ薄キ人ハ近キニ驚アリ

䷕　山火賁

賁ハ飾也此卦ハ艮山上ニ在リ離火其下ニ居ル山ハ草木

百物ノ集所山下ニ火ヲ揚テ其山上ヲ照見ス是賁飾ノ象ナリ君子ハ仁義ヲ以テ身ノ飾トス小人ハ華美ヲ以テ飾トス色欲華美ハ人情ノ常ニシテ人專ラトスル處以此其吉凶異ナリ山下ニ火アレバ其明遠キニ不及小事ヲ以テ大事ニ及ブ此卦ハ物ヲ視テ手ニ難取輕卒短慮ナレバ損失離散ヲ主ルト可知忠孝文義ニ出ルヿハ必ズ可達表向ヲ張テ氣ヲ痛ル意小事ハ調フ大事ハ成ト知ベシ舊ヲ守テ靜ナルトキハ後宜シ

初艮　靜ニ時ヲ待ニ宜シ
二大畜　性急ナレハ大ニ事ヲ破ル
三頤　不足アルモ事ヲ止ルニ吉

四離　離別散財ハ主ルト知ルベシ
五家人　吉
六明夷　住居ニ大ニ辛勞アルベシ

天時　曇テ雨トナリ忽チ晴ル
願望　貞正ナレハ少シ手掛リヲ得ル
待人　卯午ノ日ニ音信アルベシ

婚姻　初調フトモ後破アラン
生產　丑寅午ノ日ナリ初產ハ女トス
得物　小事ハ吉大事ハ不得

疾病　心熱盛ニシテ危シ信心スベシ
醫師　南カ丑寅ノ間ヲ求ムベシ
失物　出カタシ

住家　大抵苦シカラズ
訴訟　正直ナラザレバ利ヲ失フ
走者　後歸ル南ノ方ニ走ル

旅行　遠方ニ凶シ近キ處ハ宜シ
仕官　身ヲ不正ハ事ナラズト知ベシ
抱人　大抵宜シ

賣買　新規ノ事ハ利ヲ失フ
高下　目上ヨリ相談ノ事ハ利アリ仕入テ宜シ
夢　吉凶ナシ

䷖ 山地剝

剝者落也此卦ハ陰始テ自下生ジ漸ク長ジテ盛ナリ群陰陽ヲ消迫ス上ハ艮ノ山ニシテ下ハ坤ノ地ナリ山ハ地ニ附テ高ク高山地上ニ起リ而モ反テ地ニ附著是剝ハ落ノ象陽ヲ君子トシ陰ヲ小人トス奸邪直正ヲ侵小人君子ヲ欺害ス下ヨリ次第ニ減損ヲナス始メ乾ノ初爻變ジテ始トナルトキ心身堅固ニ戒愼ナキ故ニ退トナリ否トナリ終ニ剝ニ至テ患難災危ヲ招ト可知此卦ハ諸事

進ムニ不利舊キヲ守テ事ノ静ナルニ宜シ物ノ一度發シテ復始ルノ意アリ親キ人ト計ラズ間違ヨリ争ノ起ルヿアラン可防住家ニ損失辛勞アルベシ目上ノ人ニ身ヲ任シテ己ノ意ヲ起ザルトキハ今窮苦スルトモ後宜ク身ノ治ル意

初頭　余義ナキ世話ゴトアルベシ　二家　凶　三艮　静ニ時ヲ待ベシ

四胃　究シテ後大ニ宜シキヿアリ　五觀　半吉　六坤　物ニ不足アレドモ止ルニヨロシ

天時　雨降ル雨中ノ占ナラハ必晴ル　願望　調フ様子ニテ障アルベシ　待人　ヲソシ或ハ酉卯ノ日來ル

婚姻 初縁ハ變ルヘシ再縁ハ苦シカラズ　生産 男ヲ産ムナレ𪜈多病ナラン　得物 得カタシ

疾病 長引テ危シ信心スベシ　醫師 丑寅カ戌亥ノ間ニテ求ムベシ　失物 出カタシ西南ノ間ヲ尋ヘシ

住家 病人出來ルカ口舌ノコトアリ凶シ　訴訟 日間取テ後利ヲ失フ　走者 姿ヲ替ルコトアラン

旅行 見合スヘシ凶　仕官 動揺ニ邪魔入テ破ル　抱人 宜シカラス縁ナシ

賣買 大ニ損失アリ見合スヘシ　高下 不計損失アラン引取テ舎入ベシ　夢 病事カ憂ヲ主ルト知ルベシ

䷗ 地雷復

復者反也此卦ハ一陽五陰ノ下ニ生ズ陰ノ滿極ル陽ニ復スルノ時剝ハ十月ニ配ス陰盛ニシテ既ニ極ル冬至ニ及ンデ

一陽地中ニ復生ス故ニ卦ヲ復ト名ク物ノ始生ズル時ハ
皆其氣至テ微ナルモノナレバ摧折ノ難多シ漸ク春陽
發起スルニ及テ之ヲ害スルヿ不能微陽ノ生長スレバナリ善
ニ反ルノ義トス震ノ動ニ坤ノ順ヲ以ス地中ニ草木ノ芽
グミ春來ノ氣ヲ待ノ象此卦ハ今物ニ窮困不自由也
ト雖ドモ貞正ニシテ舊キヲ守トキハ必後榮アルベキ物ノ
一度盡テ復始ルノ意アレバ歸國歸參ノ類ハ必ズ調フ
總テ事再三ニシテ調フト可知故ニ性急短慮ナレバ支破

レ後悔損失アルベシ何事モ人次第トナルニ宜シ

初坤　性急ナルニ凶シ又家事ノ世話ニアリ
二臨　女ニ付テ口舌アリツヽシムベシ
三明夷　凶
四震　住居ニ驚動アルカ印形ニノ障アルベシ
五屯　動ニ利アラズ止ルニ宜シ
六頤　余義ナキ世話ゴトアルベシ

天時　曇テ雨降ニトス卯午ノ日晴ル
願望　静ニ時ヲ待ベシ必ス叶フ
待人　未申卯ノ日ニキタル
婚姻　再縁ハ宜シ初縁ハ少シ障アリ
生産　男ヲ産ム卜卯未申ノ日
得物　大抵得ルベシ
疾病　長引テ重シ必ス軽ク思フコト勿レ
醫師　西南ノ間カ東ヲ吉トス
失物　急ニ出ガタシ未申ノ間ニアリ
住家　動ニ不利止ルニ吉次第ニ幸アラン
訴訟　人ノ異見ニ付ニヨロシ利トナル
走者　不久シテ歸ル東カ西南ノ間
旅行　連アルトキハ益宜シ
仕官　信心ナレハ必ズ調フトス
抱人　東ヨリ來ルハ宜シ丑寅ハ凶

賣買　次第ニ利ヲ得ル　然レモ静ナル吉　高下　惣テ静ナルニ宜シ　末ニ利アリ　夢　信心ナレバ次第ニ宜キヿアラン

䷘　天雷无妄

无妄者天災也至誠也此卦ハ動ニ乾天ノ順ヲ以ス人能无妄ノ道ニ合トキハ天地ト其徳ヲ合ナリ无妄ハ天ノ道ニシテ至誠ナリ天ノ萬物化育スルヿ生々不窮各其性命ヲ正フス是則无妄ナリ天命ニ任セテ私意ヲ不加貞正ニシテ能其獨ヲ不愼バ天災アリ邪僞凶悪意ナシトイヘ𪜈正理ニ不合バ妄ナリ无妄ハ君子ノ常ニ守ル處此卦ハ事理

正シキ丁吉ニシテ無咎其余人欲ヲ以テ計ル事ハ必ス患難災危不遠シテ來ル可恐可愼物事其恆ヲ守テ外ニ心ヲ移變スル丁勿レ老人貴人ノ異見ニ順フニ利シ我意ヲ出スニ不安住居ニ辛苦驚動ヲ主ルカ印形書物ヨリ損失口舌アラン愼ムヘシ

初否　身心堅固ナラサハ大ニ凶災アリ　二履　親シキ人ニ付テ辛勞損失ス　三同人　吉

四益　印形書物ノ丁ヨリ心配ヲ主ル　五噬嗑　間違丁ニテ争論アルベシ　六隨　吉

天時　晴ル戌午ノ日ニ雷鳴アラン　願望　誠一ナレハ必ス叶フ　待人　卯未ノ日夕ヨリアルベシ

| | | |
|---|---|---|
| 婚姻　初縁ハ障アリ再縁ハ調フベシ | 生産　男ヲ産ス其子發明ナラン | 得物　俗人ハ得カタシ損アリ |
| 疾病　信心専ラニスベシ然ラサレハ危シ | 醫師　東カ戌亥ノ間ニテ求ムベシ | 失物　出カタシ皆油断ヨリ失フ |
| 住家　俗人ハ不宜隠者ノ類ハヨロシ | 訴訟　早ク和談スベシ大凶 | 走者　辰巳ヨリ西北ノ間ニ行ナリ |
| 旅行　人ノ異見ニ順フニヨロシ | 仕官　心身忠實ノ人ハ貴人ノ助ヲ得ル | 抱人　正直ナレ𪜈片意地ナリ大抵ヨシ |
| 賣買　舊キヲ守ニ宜シ常ノ外ハ大ニ凶シ | 高下　見分ヨリ思ノ外ニ利ウスシ | 夢　住居ヲ動クヿアラン信心スベシ |

䷙　山天大畜

大畜者積也養也此卦ハ畜貯テ廣大ニ成ノ兆トス上三爻ハ止ルヿヲ要トス下三爻ハ進ムヲ戒ム艮山ヲ以テ乾天ヲ

止メ畜フ其止メ畜フ所大ナリ故ニ卦ヲ大畜ト云フ君子ハ道ヲ尊デ畜之積デ其身ヲ守ル君子ナルトキハ吉ナリ家食セズシテ出テ仕フルニ利シ仕官ノ吉占ナリ然ニ今ノ人此義不應却テ損失心外ナルヿアリ此卦ハ諸事静ナルニ利シ剛情短慮ナレバ君臣夫婦父兄ノ間カ或ハ親キ人ト計ラズ口舌争論スルヿアリ可慎物事未ダ時不至ト了簡シテ待ニ宜シ後必ズ通達アラン

初蠱　任居ヲ離散スルヿアリ不信ノ人ハ大凶　二賁　始勞シテ後ニ宜キヿアラン　三損　余義ナキ人ハ損失世話ヿアリ

四大有　静ニ舊キヲ守ニ宜シト知ルベシ　五小畜　半凶　六泰　吉

天時　雨降リ戌亥ノ日ヨリ晴ルヽ　願望　急ニ事調ガタシ止ルニ宜シ　待人　來ルヿヲソシ

婚姻　横合ヨリ邪魔入テ調カタシ　生産　辰巳戌ノ日女ヲ産ム　得物　得ガタシ

疾病　九死一生ナリ信心スベシ　醫師　丑寅ノ間ニテ求ムベシ　失物　急ニ出ガタシ北ノ間トス

住家　俗人ハ不利隠者ハヨロシ　訴訟　和談ナルニヨロシ　走者　女カ隠者ノ縁ニテ知レルナリ

旅行　不宜見合スベシ　仕官　貴人ノ世話ニテ調フベシ　抱人　大抵見合ニヨロシ

賣買　久シクシテ後上ル静ナルニ宜シ　高下　次第ニ少シヅヽノ利トナル急ニ大利ナシ　夢　目上ノ恵ニ逢フヿアラン

䷚

山雷頤

頤者養也此卦ハ上下ノ二陽四陰ヲ含ム外實ニシテ中虛ナリ則頤ノ象トス上艮ニシテ止リ震ニシテ動下動テ上ニ應ズ頤養ノ道ハ謹ミ食ヲ節ニス己ヲ養ヒ人ヲ養フモ正ト不正アリ依テ吉凶異ナリトス君子ハ天命ヲ守テ德ヲ養フ常ノ人ハ不然利欲不正ノ事ノミニテ其身ヲ養フ故ニ吉慶少ク不保災自口出病自口入豈平日能愼マズンバ有ベカラズ此卦ハ未ダ至ラズ即今ノ事ハ先見合ニ宜シ親子兄弟或ハ親キ

人ノ爲ニ辛勞氣兼アルカ住居ニ不足ナル丁アルベシ人ニ隱シテ思丁ヲ可言ヤ言マジキヤト思按工夫スルノ意アリ

初剥　間違障有テ難澁スル丁アルベシ
二損　親シキ人ノ力ニ損失氣兼アリ
三賁　半吉
四噬嗑　物ニ隔テ有ベシ静ナルニ宜シ
五益　書物印形ヲツヽシムベシ
六復　貞實ニ身ヲ守ルニ宜シ必幸アリ

天時　晴ニトシテ又曇ル丁アリ
願望　氣ヲ急トイヘトモ速ニ調ガタシ
待人　余義ナキ障有テヲソシ
婚姻　左右ニ縁有テ迷フ丁アリ静ナルニ宜シ
生産　初産ハ男ヲ生ム次ハ女子ナリ
得物　日間取テ支ヲ得ガタシ
疾病　長引ベシ醫ヲ改テ急ニ不治
醫師　東カ北ヲ吉トス人醫ニ宜シ
失物　出デズ
住家　静ニ事ヲ見合スニ宜シ
訴訟　長引ノミニテ勝利ヲ得ズ
走者　日寅ノ間ニ隱ル遠ヤニ出ズ

旅行　常ニ旅ニ苦カラズ然シ道ニ日間トル　仕官　隔有テ滯ル待ニヨロシ　抱人　大抵苦シカラズナレ氏外ヨリ邪魔入ル

賣買　見合スベシ性急ナレバ損失ナリ　高下　穀物ルイ衣類ナド利多シ余ハ半利　夢　病損失アラン信心スベシ

## ䷛ 澤風大過

大過者過也此卦ハ四陽中ニ過テ強ク二陰上下ニ在テ本末弱ク是四陽中ニ滿過テ棟橈ムノ象トス序ニ頤アリ頤ハ物ヲ養フ其養フ處皆節アリ節ヲ過ルトキハ卻テ身ヲ傷ル是頤ノ大過ニ次ノ所ナリ故ニ此卦ハ諸事性急短慮ナル事ヲ深ク可慎住居ニ辛勞

多ジテ事皆不和順ナルベシ總テ物ニ疑惑有テ決定ナラズ人離レ財散ルノ時トス何事モ人ノ異見ニ順フテ時節ヲ見合ニ宜シ必我意利口ヲ出シテ損失災害ヲ求ルヿ勿レ

初夬　大凶物事深クツヽシムベシ

二咸　静ニ時ヲ待ニ宜シ又女難ヲ可慎

三困　九死一生ノ事アリ信心スベシ

四坎　不義不正ナル人ハ病損或ハ患難アリ

五大壯　口舌争論ヲツヽシムベシ

六姤　住居ヲ動カ女ノ為ニ損失アラン

天時　曇テ風雨アリ辰巳酉ノ日晴ル

願望　前後障有テ事破レツヽシムベシ

待人　途中ニ口舌有テヲソシ

婚姻　媒ニ間違有テ終ニ破ル見合スベシ

生産　初産ハ女次ハ男ヲ生ム産後危シ

得物　空シク便リヲ失フ

疾病　佛神ヲイノルベシ甚危シ　醫師　藥違ヲ用心スベシ東ノ方宜シ　失物　出ガタシ却テ争論アラン

住家　家僕ニ縁ナシ病損憂ヲ主ル　訴訟　和談スルニ吉強キトキハ利ヲ失フ　走者　急ニ出カタニ南ノ方或ハ木邊

旅行　途中ニ驚キアリ見合スベシ　仕官　横合ヨリ障アルベシ　抱人　宜シカラス此人住居定ガタシ

賣買　靜ニ時ヲ待ベシ性急ナレハ大凶　高下　取引ノ荷物ニ間違有テ返テ損ス　夢　俄ニ驚事アリ至テ信心スベシ

䷜　坎爲水

坎者陷也此卦一陽二陰ノ中ニ陷タリ且其象ヲ水トス故ニ流ニ逢トキハ續キ坎ニ遇トキハ險陷トシテ此ニ止ル出入トモニ險〻タリ小人君子ヲ難シ虛ヲ以テ實ニ

欺キ害ノ時ナリ患難危窮ノ中ト雖モ其恒トスル處
ヲ守志ヲ屈セズ貞固ニ身ヲ愼トキハ必後終ニ其志ヲ
遂ル是有ㇾ孚心亨ノ義ナリ故ニ此卦ハ忠信孝貞其餘
學文藝術ハ窮苦シテ其道ヲ勤ム務ルトキハ必成功
發達アルベシナレ𪜈常人ハ此義不ㇾ當己ガ智巧ヲ邪惡
ニ用ヒテ私欲ノ為ニ人ヲ欺ク故ニ事一旦成ト雖𪜈末
ヲ不ㇾ保却テ損失艱難ヲ求ム愼マザレバ大凶親キ
人ト爭論スルカ或ハ婦人又目下ノ者ニ付テ難義

迷惑ナルコアラン諸事我意ヲ捨テ人ノ意見ニ順フニ
宜シ悪キト知リツヽ物ノ難止ノ意

| | | |
|---|---|---|
| 初節 婦ノ爲ニ損失<br>口舌ヲツヽシムベシ | 二比 老人カ目上ノ人ニ<br>順フニ宜シ | 三井 大凶 |
| 四困 貞正ニシテ時ヲ<br>待ベシ後宜シ | 五師 住居ヲ動カ<br>是非ヲ争フ | 六渙 損失アレ圧静ナ<br>ルニ宜シ |
| 天時 二三日雨降テ酉辰<br>巳ノ日ヨリ晴ル | 願望 空シク時日ヲ越<br>テ終ニ不叶 | 待人 遠キハ音信アリ<br>近キハ來ラズ |
| 婚姻 再縁ナラン見合<br>ヘシ宜カラズ | 生産 男ヲ産ム酉カ<br>卯ノ日ナラン | 得者 横合ヨリ邪魔<br>入テ得カタシ |
| 疾病 九死一生ナリ水<br>神ヲ祈ルベシ | 醫師 西ノ方北ノ方ニ<br>ヲ求ムベシ | 失物 遠方ヘ行ナリ<br>水邊ヲ尋ヘシ |
| 住家 憂患損失ヲ招ク<br>早ク改ムヘシ | 訴訟 両方トモニ<br>利ヲ失フ | 走者 出ガタシ北方ホ<br>邊ヲ吟味スヘシ |

旅行、宜シカラズ必ス行ヿ勿レアレ、　仕官　多年ノ望ナラハ調フナレ𪜈遅シ　抱人　発明ナレ𪜈事ノ遂カタキ人ナリ

賣買　大ニ損失スルカトヽ落スルヿアリ　高下　萬事見合テ宜シ下直ニナルヿアリ　夢　舟川ヲ必ス可慎不信心ナル人ハ凶シ

䷝

## 離爲火

離者麗也此卦一陰二陽ノ間ニ附麗ノ義也且其象ヲ火トス火ハ元陰ニシテ本形无體ナレ𪜈物ニ麗テ形ヲ顯シ動テ其用ヲ爲トキハ陽ノ盛ナルモノナリナレ𪜈其麗ル處ノ物皆盡ルトキハ火モ又トモニ消盡ル是陽中ノ陰ナル者ナリ故ニ離者麗ニシテ離別ノ義ヲ含メリ其一

陽二陰ノ中ニ麗處正ナレバ吉トス不正ナレバ凶トス是自然ノ理ナリ故ニ人道ハ明ヲ尊テ不明ヲ卑フス則離卦ヲ以テ自體ニ取レバ心火ニ配シテ眼トシ見トス善惡邪正ニ不限總テ物ニ能ク移安キハ人心ノ恆ナリ其視處君子ハ明ヲ以テ其正キニ附小人ハ利欲ニ暗ンデ不正ニ麗ガ故ニ人心ノ明德曇テ終ニ己ト邪惡ノ徒ニ移變ス是離火ノ明ニ離テ不明ニ麗者也可愼可恐ニ陽ノ中ニ一陰虛明ナルハ人心ノ明鏡ヲ照スノ象火ヲ以テ日トシ明

トスルノ義ナリ故ニ此卦ハ其舊常ヲ守テ事ノ静ナルニ宜
シ新規ニ事ヲ起ノ望アレドモ他ノ異見ニ順フニ宜シ必ズ我
意利口ヲ先トシ卻テ後悔損失スル丁有可愼不正短慮
ナレハ住家ニ驚動有テ俄ニ他ニ動カントスル意アレドモ見
合ニ宜シ不圖シタル事ヨリ爭論スルカ或ハ物ノ間違有テ
愁苦アラン可防藝術文義ヲ以テ身ヲ脩メ事ヲ起スノ類
ハ宜シ必ズ事ヲ成名發ス物ヲ見テ俄ニ進ムノ意アリ此ニ
離レテ彼ニ身ヲ起ントスルノ意諸事止静和順ナルニ宜シ

性急ナレバ物ノ半途ニ至テ破アルベシ親シキ人ニ離別スル
カ遠キニ動ノ意又散財アルカ女難アリ可防旅行ハ丑寅
ノ間ヲ用捨スベシ其餘ハ苦シカラズ

初旅　事ハ静ナルニ宜シ性急ナレバ必ズ破アラン
二大有　不信心ナレバ愁難アルカ損失後悔アリ
三噬嗑　舊産ヲ守テ吉静ナルニ宜シ
四賁　長向心配アルカ[illegible]家望ハ[illegible]ルベシ
五同人　親シキ人ニ婚姻養子抔ノ世話アリ
六豊　病苦散財ヲ主ル信心スベシ

天時　春曇夏秋ハ雨降ノ忽チ晴ル
願望　貞明ナレバ宜キ人ノ助幸ヲ得ル
待人　三五六ノ爻ハヨシ[illegible]來ル其余ハ不來
婚姻　初縁ハ不宜再縁ハ調ノナレビ少障有ベシ
生産　輕シ午卯ノ日ナラン
得物　東カ南ノ人ニ[illegible]求ベシ必得ル
疾病　初爻ノ變ハ死ス其余ハ危トモ不苦
醫師　南ノ方宜シ二度目ノ醫ガ宜シ
失物　塗物中ニ見ル[illegible]後出ル

住家 信心深キ人ハ繁昌ス不正ノ人住メハ災ニ逢フ

訴訟 和順ナルニ宜シ初ニ六爻變ハ大ニ利ヲ失フ

走者 春夏ハ辰巳ノ間ヨリ告ル初ニ動ハ變アラン

旅行 一人旅ハ途中驚動有連ノハ大抵不苦

仕官 久シク浪居スル人ハ成ル新規ハ縁ナシ

抱人 發明ナル者ナレモ永住スルコトナシ

賣買 次第ニ上ルナレド我慢ヲ捨テ人ノ意見ニ任スベシ

高下 高直ニナルベキナレド永ク續[illegible]

夢 親キ人離別スベカ住家ニ驚アルベシ

易學通解上卷終

# 易學通解卷之下

平安　井田龜學先生　著

門人　栗原龜山　田井龜戴　校正

## ䷞ 澤山咸

咸者感也此卦ハ无我无心ニシテ感通スルノ義也人至誠ナル時ハ天地鬼神モ感動セシム君臣上下萬物ニ至ルマデ皆其志ヲ通ズ艮兌ノ二少交感シテ剛柔相應ス山澤陽テ二氣相通ジ而モ其情同ジ故ニ利貞也取女吉也ト云千辛萬苦モ

不厭或ハ刃下ニ命ヲ墮モ少女少男ノ交感ヨリ深ハナシ下卦艮ハ我ニシテ不動上卦兌ハ彼ニシテ外ニ在テ説而モ誠心能人ヲ感動ナサシム故ニ感ハ通也ト云リ此卦ハ忠信孝貞其外藝術等至誠ノ實意ヲ以テ窮苦艱難ヲ不厭勤學トキハ天地鬼神モ感動セシム故ニ百事吉兆トスナレド邪智舊惡アル者或ハ不正不實ノ事ニ此卦ヲ得バ患難凶災不遠シテ起ル可恐可慎諸事貞明和順ナレバ貴上ノ恩惠ヲ得テ必ズ宜カルベシ身此ニ在テ遠ニ心ヲ運ブノ意親子兄弟其外親シキ

人ノ為ニ彼是心遣ノ㕝アルカ何レ内證ニ散敗ノ㕝アラン又小㕝ヲ以テ大㕝ヲ仕損スルノ意アリ可愼物事急速ナルニ不利身ヲ脩㕝ヲ定ルノ類ハ老人父兄ノ異見ニ順フニ宜シ婚姻養子ノルイハ始是非スルㇳアレ𪜈不久シテ調フノ意又婦人ノ為ニ口舌争論ノ起ル意アレバ男女𪜈ニ色情ヲ可愼

初 革　貞正ナレハ次第ニ家慶榮名アルベシ
二 大過　物ノ間違ヨリ大ニ損失後悔アラン
三 萃　我ニ争起ルヲ可愼和順ナレハ助益ヲ得ベシ

四 蹇　舊キヲ守テ静ナルニ宜シ散財ヲ防ベシ
五 小過　住家ヲ離ルヽㇳアラン止退スルニ宜シ
六 遯　其情ヲ守テ動ク勿レ物ニ進メバ迷惑アラン

天時　曇テ雨降ルナレトモ不久シテ日和ニナル
願望　貞正ナラバ人ノ貴上ノ引立ニ逢フナリ
待人　来ル再明年ノ早キニヨロシキ使ヲ得ル

| | | | | | |
|---|---|---|---|---|---|
| 婚姻 | 宜シ調フヘシ初五ノ變ハ再縁アラン | 生産 | 安産ナルベシ二四六ノ變ハ女子トス | 得物 | 信心深キ人ハ得ルヿ申・酉ニテ可求 |
| 疾病 | 初六ノ變ハ醫ヲ改ルニ宜シ二五ノ動ハ長引ヘシ | 醫師 | 西ノ方又ハ丑寅ノ間ニテ可撰 | 失物 | 婦人カ[illegible]急 [illegible]不出 |
| 住家 | 此家和順ニシテ榮名アルベシ上六ハ婦人ノ事ヲ破ル | 詞訟 | 和順ナレハ宜シ又二五ノ變ハ後悔有ラン | 走者 | 連有カ類[illegible]ル婦人ノ縁ニ可求 |
| 旅行 | 大抵苦シカラズナレトモ二四六變ハ不宜止ルヘシ | 仕官 | 始ハ故障アレトモ終ニハ宜キ人有テ可調 | 抱人 | 二四六ノ變ハ無用トス其外ハ苦シカラス吉 |
| 賣買 | 時節ヲ窺ヒ老人ノ異見ニ順フニ宜シ | 高下 | 春ハ下ルベシ秋ハ上ル | 夢 | 身ノ上ニ幸悦アルベシ去レトモ色情ヲ慎ムヘシ |

## ䷟ 雷風恒

恒者久也常ナリ此卦日月運行四時移渝テ能變化ヲ爲ス天道ノ恒ナリ己ヲ守德ヲ愼テ妄ニ不變ハ人道ノ恒ナリ震ハ長

男トシ上卦ニ在テ外ニ動キ巽ハ長女トシ下卦ニ居テ内ニ順フ故ニ卦名ヲ恒ト號ス男ハ出テ外ヲ治女ハ入テ内ヲ納ム是皆天地人倫ノ恒ニシテ夫婦ノ道也天道ノ恒ハ一定不成四時移渝テ能其變化スルヲ以テ恒トス又人道ノ恒ハ一定シテ愼處ヲ守テ妄ニ不變ヲ其常トス故此卦ハ物事其舊常ヲ守テ事ノ靜ナルニ宜シ舊ヲ去テ新規ニ事ヲ起シ望ノ類ハ貴上父兄ノ異見ニ順フニ宜シ必ス我意剛慢ニシテ仕損ジ後悔スル勿レ大人ニハ吉ナレ𪜈常人ハ未吉ト可知ナレ𪜈貞正和順ナレハ親

シキ人ノ信ヲ得テ發達ニ向フノ意アリ不正短慮ナル人ハ不圖シタルヿヨリ争論スル或ハ愁離損難ヲ主ルノ意アリ可慎物ニ左右有テ何レニ任シヤト思慮不決或ハ夫婦ノ中ニ物ヲ疑隔ルノ意アリ一人シテ二人ヲ思フノ意アレハ密通陰事ノ類ヲ深クツヽシムベシ必ス破驚アラン

初大壯　不正短慮ナレハ住家ニ愁離驚動アリ可慎

二小過　親シキ人ノ為ニ欺レヽルヿ有

三解　貞正和順ナレハ身ノ上ニ幸悦ノ喜ヒ可有

四升　其舊産ヲ守テ安ニ不動ハ次第ニ仕合ヨシ

五大過　新規ニ事ヲ計ル時ハ大ニ損失有ヘシ

六鼎　脩身ノ事ヲ始ルハ頗大ニヨロシ

天時　風出テ曇ルナレ𪜈其日雨不降夏秋ハ雷雨アラン

願望　様子宜シト云𪜈急ニ叶カタシ春冬ハ調フ

待人　連ノ中ニ障有テ遅シトナレ𪜈來ルヘシ

| | | |
|---|---|---|
| 婚姻　兩方ニ引張有テ遠方ニ不成ナレ𪜈再縁ハ調フ | 生産　前後ニ心違アレトモ別条ナシ子午戌ノ日 | 得物　二五六ノ變ハ得ル(?)餘ハ必ズムナ(?) |
| 疾病　手足タリク時々骨節ヲ痛ムニ長引ケ𪜈不死 | 醫師　北カ未申ノ間求ムヘシ初五ノ變ハ大ニ危シ | 失物　辰巳ノ間ヲ尋ベシ三五ノ變ハ出ガタシ |
| 變宅　信ハ[illegible]家大ニ宜シ[illegible]二五ノ變ハ見合ベシ | 訴訟　互ニ和順ナルニ宜シ初五ノ變ハ公難有ベシ | 走者　不久シテ行先知レル婦人ノ縁ニテ辰巳ニ居ル |
| 旅行　[illegible]初二五ノ變ハ途中ニ故障有ベシ | 仕官　二四ノ動ハ調ヒテ後ニ破有ヘシ其餘ハ調フ | 抱人　宜シナレモ初二五ノ變ハ女難有テ終去ル |
| 賣買　[illegible]ニ[illegible]利[illegible]守ニヨロシ | 高下　次第ニ上ルベシ急ニ利ナシ | 夢　仕官スルカ妻ヲ定ムルニ有ベシ子ト色情ヲ慎ベシ |

䷠ 天山遯

遯ハ退也避ナリ此卦ハ二陰下ヨリ遂上リ四陽漸ニ退キ去ルノ義ナリ陰ヲ小人トシ陽ヲ君子トス卦象ハ小人内ニ浸長シ君子外ニ

退去ルノ時トスナレモ二陰ト四陽ナレバ彼ハ少ク我ハ衆シ故ニ遽ニ逃ベキニモ非ズト雖モ久シク亦可止ニモ非ス暫事ヲ見合テ漸ニ避退カザレバ乍居愁離損害ヲ干ルト可知是其災ヲ防テ身ヲ全フスル意ナリ然ト雖モ事皆棄廢シテ避退ニハ非ス其時ノ宜ニ順テ進退スルヲ以テ小利貞亨ト云リ故此卦ハ事進ムニ不利止退安靜ナルニ宜シ住家ニ辛勞有テ恒心不安總テ散財離別ヲ含ト可知俄ニ物ノ間違障有テ他ニ動シトスルカ或ハ目下ノ者ニ付テ爭論口舌

ノ起ルーアリ刑罰久シク續キタルーヲ發シテ新規ニ事ヲ仕始ルノ意アレドモ急速ナルニ不宜時節ヲ窺テ事ノ靜ナルニ利シ此ニ離テ彼處ニテ動キ一ツ定レバ又一ツ事ノ動意アリ

初筮　妄ニ變動セザレバ貴上ノ助ヲ得ベシ
二姤　不正ナレバ女色ノ難有又ハ家業離ルヽ事アリ
三否　尋常ヲ守テ妄ニ動忽物ニ從テハ後悔有
四斷　貞正和順ナレバ家慶榮昌アラン
五旅　信心堅固ナラザレバ大ニ愁苦損失アルベシ
六咸　人ノ異見ニ順ヘバ吉ナラン我意利ヲ以テスレバ損

天時　兩日晝ヲ終テ降ルベシ辰巳留酉ノ變日和ナル
願望　自己ヲ主トスル事難遲クシテ宜シ急ニ非
待人　途中ニ障リ有テ來ラズ辰巳卯酉五ノ動ヲ來ル
婚姻　始メ破談ニテ再調ノ此縁必ズ再縁ナルベシ
生産　辰午酉ノ日産輕シ初丑ノ動ヲ安キナルベシ
得物　宜シク止ルベシ散財シテ却テ事空シ
疾病　養生ニヨリ大ニ危シ初ノ疾ハ長引治ス
醫師　東ノ間カ南ノ方其ヘ上手ノ醫ヲ
失物　急ニ尋ナバ終ニ不出震ノ間カ午ノ方ニアリ

變宅　人ノ異見ニ付テ動ハ宜シ徒ニ動ハ止ルベシ
訴訟　是ニ利非不分テ不知一義財アリ和順宜シ
走者　男ハ多ク戌亥ノ間寺屋舗ヲタツヌベシ

旅行　見合スベシ途中ニ間違アリテ道ヨリ歸ルベシ
仕官　久ク待テ思ノ如クナシ口舌アリ…
抱人　見合ニ宜シ十ノ内初ハ吉大ヤ變ハ縁ナシ

賣買　表向ハ高キ様子ニテ内証ハ下ル意より
高下　高ク見ルニヨシ下ルコト有口大ク入ハ上ル
參　不信心ナル人ハ目下ノ者ニ必災住居ニ善労有ベシ

䷡　雷天大壯

大壯者盛大也此卦ハ雷ノ天上ニ在テ震其威聲遠近ニ畏驚ス震ハ動キ乾ハ剛ナリ震ノ動ニ乾ノ剛キヲ以テ四陽下ニ長ジ二陰上ニ衰ノ依テ盛ナルモノ大也故ニ卦名ヲ大壯ト號盛大也トハ諸卦ニ而已心ニ在ヿヲ却テ前路ニ大河ノ險阻有ヿヲ

不知震乾ニ陽ノ剛强ヲ以テ時勢ニ募リ强慢奢侈ニ因テ誅ヲ
不容終ニ人離財散事皆背違テ自災凶兆トス故ニ聖人戒之
大壯利貞ト云リ此卦ハ貞正和順ナルニ宜シ柔正短慮ニシテ人ノ
異見ヲ不用我意利口ヲ先トキハ大ニ仕損ジ後悔ナルヿアリ
愼ムベシ又住家ニ驚動ノ事有カ金銀ノ損失心配有ベシ親
子兄弟或ハ夫婦ノ中ニ恨ミ怒ルノ意アリ

初恒　舊常ヲ守テ变ゼズ靜ナルトキハ宜シ　吉
二豐　貞正ニシテ变ヲ愼マザレバ大ニ凶衆アリ
三歸妹　物ノ間違ヨリ爭論スルヿアルベシ
四泰　他ノ異見ヲ守ル時ハ親ミキ人ノ助ヲ得ル　吉
五夬　貞ノ海ヘ公太ニ凶　愛離ヲ主ルト知ベシ
上大有　貞明ニシテ貴上ノ異見ニ順フニヨロシ　吉

天時　春冬ハ日和ナリ夏秋ハ雨アリ初四動ハ雷ナルベシ　願望　初二五ノ變ハ貞正ナレハ叶フ外ハ凶トス　待人　速有テ來ルナランナレ圧三四ノ變ハ來ラズ

婚姻　初四ノ動ハ調フベシ其外ハ破談ナラン　生産　下卦動ケバ女子上卦動ケバ男子　得物　初二ノ變ハ得ルコト有ルベシ

疾病　重シ長引ベシ二五六ノ動ハ死スベシ　醫師　北ノ方ニテ求ムベシ南ハ大ニ凶シ　失物　急ニ吟味セザレバ出カタシ西北ノ間

變宅　三五ノ變ハ大ニ凶シ人ノ異見ニ順フベシ　訴訟　早ク和談スルニ宜シ强情ナレハ理ヲ失フ　走者　他國ニ行ナラン二三五ノ變ハ口舌アリ

旅行　宜シカラス見合ベシナレ圧春冬ハ不害　仕官　貞正ナル人ハ貴人ノ助ヲ得ルノ意ナルベシ　抱人　初四ノ變ハ宜シ外ハ必ス縁ナシ

賣買　今マテト直ナラハ是ヨリ高カルベシ　高下　高下ナシスハリナルベシ末ニ少シ上ル　夢　驚動ノ事アラン諸事ツツシムベシ

## ䷢ 火地晉

晉者進也日ノ地上ニ出ルノ象暗ヲ出テ明ニ向ノ外明カニシ

テ内順フ明カニシテ順フトキハ百事吉ナラズト云コトナシ昇進ノ吉兆トス進ナリト雖ドモ一圖ニ進ムニアラズ邪正僞實ヲ正シ寛裕ニシテ進ムヲ吉トス此卦ハ貞明柔順ナレバ憂苦散解シテ發達榮昌ヲ主ルト可知我意剛慢ナレバ却テ凶災アランヿ可愼家産ヲ變ルカ住處ヲ動トスルノ意アレドモ靜カナルニ宜シ性急ナレバ親ミ破テ損失爭アルベシ諸事自己ノ意ヲ捨テ老人貴上ノ異見ニ順フトキハ後必ス助力ヲ得ルカ吉慶アラン又離別疎縁ノ人ニ再會スルノ意アレバ歸國歸參ノ類ハ大

抵調フナレモ人ノ惡ヲ受ルノ意アレハ高慢氣隨ナルヿヲ可
慎身ヲ華メ支ヲ飾ルノ意又一圖ニ氣ノ急ヿアラン

初噬嗑　物ニ進ミスキテ後損失爭アラン慎ベシ
二未濟　貞明ナレハ身ノ上ニ幸悦有ヘシ
三旅　始メ宜シトイヱ圧後辛勞憂離ニヱ
四剝　住家ヲ變動スルヿ損失爭アラン慎ベシ
五遯　事ノ靜ナルニ宜シ性急ナレハ後悔有ヘシ
六豫　吉

天時　雨中ニ此卦ヲ得レハ晴レ三五ノ變ハ曇テ降ル
願望　未申ノ間ノ人ヲ賴テ通達スヘシ
待人　來ルナレ圧ニ五ノ變ハカナラス間違ベシ

婚姻　調ハ初三五ノ變ハ宜シカラス調テ破ル
生產　書ノ中ニ產ム輕シ初產ハ男次ハ女トス
得物　信心深キ人ハ必ス得ベシ

疾病　急ニ不治老人ハ九死一生ナルヘ
醫師　南カ戌亥ノ間ノ流行ノ醫ヲ可賴
失物　高キ處ヲ尋ヘシ東カ西南ノ間

變宅　動ニ宜シナレ圧三五ノ變ハ人ノ異見ニ付ヘシ
詞訟　貞正ノヿハ必ス助アリテ勝ベ
走者　先ニ世話人有カ故ニ急ニ出カタシ

旅行　貴上ノ人カ老人ノ連アラハ大ニ宜シ　仕官　貞明ナレハ事必ス調フベシ　抱人　宜シトナレ圧三四五ノ變ハ不久シテ去ル

賣買　次第ニ高ナルヘシ三四五ノ變ハ損失ス　高下　上ルヘシ利アリ買ニヨロシ　夢　天象カ立身ノ夢ナラン病人ハ死ス

䷣

地火明夷

明夷者傷也上ハ坤ノ地ニシテ外暗ク下離火ニシテ内明カナリ則チ日輪地中ニ入ルノ象掩テ明徳ヲ傷ル君子小人圧ニ凶兆昔文王ノ難叢棘ニ困ンデ三日不食聖君子ト雖圧其患難アルヿ如此況ヤ今日不正ノ俗人ヲヤ故ニ利艱貞ト云ヘリ宜ク其時義ヲ見合才徳ヲ晦シ智發ヲ不用ノ時ト知ヘシ大

人ハ才徳ヲ以テ傷リ小人ハ我意ト利口ヲ以テ己ヲ破ル百事凶タリ唯貞正和順ニシテ物ニ不進不動其恒トスル處ヲ守テ遠キヲ思憂苦ヲ近キニ求ルヿ勿レ故ニ此卦ハ志望スル必ス破レ物叓不自由ニシテ難義迷惑ナルヿ有ベシ親子兄弟或ハ親シキ人ノ為ニ辛労ナルカ又ハ住家ニ憂離驚動ノヿアラン總テ事ノ急速ナルニ利アラス静貞ニシテ時ノ至ルヲ待ベシ久シテ後又發達慶榮有ヘシ必ス屈シ安ニ變動スルヿ勿レ小人婦女ノ為ニ怒ヲ發ノ意アリ可慎性急

不正ノ人ハ公難アルカ又病盜ノ恐アリ可防

初謙　其舊常ヲ守テ動ク勿レ必ス親キ人ノ助アリ
二泰　物ノ破レテ後ニ宜ク叓ノ納ル意
三復　進退トモニ我意ヲ不出異見ニ順フヘシ

四豐　不明不正ノ人ハ作居ヲ去ルカ憂離アラン
五既濟　横合ヨリ物ノ隔テアレ𪜈後安シ
六賁　物ニ進ムトキハ大ニ損失後悔アリ愼ベシ

天時　曇テ終ニ雨可降若初六ノ變曇𪜈雨ナシ
願望　障有テ急ニ難叶強テスレハ損失爭有ベシ
待人　我ニ辛勞ナルヿ出來テ終ニ來ラズ

婚姻　事破レテ調ヒカタシ并縁合體面倒ナルヘシ
生産　初三四ノ變ハ驚有𪜈輕シ其外ハ凶シ
得物　障有テ得カタシ其ヿ爭ヲツヽシムベシ

疾病　危シ四ノ變ハ死ス初六變ハ久シテ癒ス
醫師　度々醫ヲ替タルナラン北ノ方ヨロシ
失物　西南ノ間カ物ノ下ヲ尋ヘシ急ニハ出デズ

變宅　不可動ナレ𪜈二三ノ變ハ宜シ外ハ不可止
訴訟　長引テ急ニ埒明カタシ和談ニ宜シ
走者　急ニ不知ハ甚危シ未申ノ間カ北ニ隱ル

旅行　見合スベシ初四六ノ變ハ行ニ凶シ障アリ
仕官　實情ノ人ハ調フ也𪜈急ニハ叶ハズ
抱人　下卦ニ變有ハ宜シ三上卦ノ動ハ見合スヘシ

賣買 舊キヲ守テ我意ニ任スレハ忽チ間違アラン 高下 見カケ宜シクシテ次第ニ下ル 夢 不信心ナル人ハ不計損失スルカ愁アルベシ

☴☲ 風火家人

家人者同也一家ノ主タリ内明カニシテ外順ナリ九五六二ノ男女内外各正位ヲ得タリ故ニ家人ハ利女貞ト云ヘリ脩身齊家ノ道ニシテ己ヲ正シ而後ニ治國平天下ニ至ル内明カニシテ出テ外ニ順フ時ハ百事吉兆トス此卦ハ貞明柔順ナル人ハ必ス貴トノ親愛ヲ得ルカ何レ身ノ上ニ吉慶アルベシ又不正短慮ノ人ハ舊產ヲ破リ住居ヲ動カ或ハ親シキ人ト争フコアリ

慎ムベシ又金銀ノ散失スル事有是ニ離レテ彼ニ依ランヿトスルノ意身ヲ飾ルカ表向ヲ張ルノ意婚姻養子等ノ世話苦勞可有婦人ニ付テ悦アレドモ又物ニ疑惑スルノ意

| | | |
|---|---|---|
| 初漸 貞正和順ナレハ家慶アルベシ | 二小畜 目下ノ者ニ付テ心勞アラン慎ムベシ | 三益 吉 |
| 四同人 舊ヲ守ルトキハ幸悦アリ | 五賁 家内ニ人ノ増事アラン普請ナド入ルニ吉 | 上既濟 口舌爭事アリ物損失ヲ含ム |
| 天時 曇リテ雨不降春夏ハ晴ル | 願望 貴上ノ人ヲ頼ニヨロシ | 待人 連アリ來ルベシ午ノ日ヲ待 |
| 婚姻 吉 | 生産 安産ナルベシ大抵女子ナルベシ生産巳午日 | 得物 南東ノ方ニ利アリ宜シ外ハ得ガタシ |
| 疾病 自病ノ發シニテナガシ信ニスベシ | 醫師 住居ヨリ東南ノ方ノ老醫ヲ頼ムベシ | 失物 辰巳午ノ方ニアルベシ急ニ出ガタシ |

變宅　貞明ナレバ次ニヨロシ　訴訟　人ノ異見ニ付順テ宜シ勝ナルベシ　走者　遠方ニ行クアリ東南ノ方

旅行　連有トキハ宜シ　仕官　南ノ方ノ人ヲ頼テ宜シ夏ハ障アリ　抱人　婦人ハ宜シ男子ハ見合スベシ

賣買　急ニ利ナシ後ニヨロシ性急ナレバ損　高下　性急ナリ二凶シ後次第ニ上ルベシ　夢　出家カ婦人ニ付テ故障ノイブルベシ

䷥　火澤睽

睽者乖也離火ノ性ハ上リ澤ノ性ハ下ル中少ノ二女同居シテ而モ志同カラズ事皆相背キ違フノ義ナリ又離散ニ内外背キ違テ自他ノ志不合ヘテ憂困離絶ヲ上ルト知ベシ大事ハ非吉ニ小事ハ和平義順ナル時ハ吉トス此卦ハ物事可愼

シカラサレハ君臣夫婦父子兄弟ノ中ニ餘義ナキ争有カ或ハ住居ニ付テ辛勞疑惑ナルヿ有可防彼ニ背キテ此ニ親ミ或ハ物ヲ見テ是非ヲ争ノ意俄ニ物ノ間違有テ恨怒ルノ意有人ノ異見ニ付テ宜シキ事アレ𪜈不用ノ意アリ物ニ隔有テ思フ叓ノ難成カ或ハ讒言ニ逢カ色情ニ依テ久シキヿノ破ルル意義理ヲ捨テ身ヲ達セントスル又住居ヲ離レテ叓ヲ望ノ意アレ𪜈不利何叓モ今暫ラク時節ヲ待テ宜シ

初未濟 人異見ニ順フトキハ宜シロ舌ヲ愼ヘシ

二噬嗑 親シキ人ト不和ニテルカ出入ヿ起ルヘシ

三大有 吉

四損 不圖損失アラン又色情ヲツヽシムヘシ

五履 舊常ヲ守テ何事ニモ新規ヲ見合スヘシ

六歸妹 婦人ノヿヨリ爭起ルヘシ

天時 雨フルヘシ午ノ日晴ル

願望 間違有テ叶フヿナシ

待人 目上ノ人ノ氣ニ背キ來リカタシ

婚姻 再縁ハヨロシ初縁ハ見合スベシ

生産 女ナルヘシ酉午ノ日トラン少驚キアリ

得物 急クトキハ得カタシ

病疾 女ハ輕シ男ハ重シ信心深ケレハ全快ス

醫師 西南ノ古ノ醫ヲヨシトス

失物 隱者カ女ノルイニタヅヌベシ

變宅 月ノ婦人ニ付テ口舌爭論起ル凶シ

訴訟 間違事多ミ和順ナルニヨロシ

走者 神社ハ違カ婦人ノ縁ニヨルヘシ

旅行 見合スヘシ途中テ障リアリ

仕官 夏秋ハ調カタシリハリタシ

抱人 半途ニ口舌爭論アリ見合スヘシ

賣買 舊常ヲ守ル宜シ又ニ順フトキハ利アリ

高下 春夏ハ下ルヘシ秋ハ上ルヘシ

夢 ヘト爭フカ又ハ損失スルヿアラン

## ䷦ 水山蹇

蹇者難也坎險前ニ在テ艮山止テ進ムヿ不能又體皆艮山ニシテ止リ用ハ坎水ニシテ流ル其體不動シテ流レ行ヿヲ思フ故ニ蹇ハ難也ト云來往モニ凶トス止靜ナルニ利シ我意利口ヲ捨テ宜ク正智ノ人ニ順時ハ蹇キ難ムト云トモ不久シテ助アラン西南ハ吉ニシテ蹇難ヲ出東北ハ凶ニシテ益危急ニ入ル此卦ハ百事已ヲ愼ミ舊ヲ守テ輕速ニ變ズルニ不利動ハ必ス患難財失アラン可愼又住居不安物ニ不

足有テ氣兼心外ナル意親シキ人ノ為ニ金銀ノ損失有カ又ハ病苦又ハ西南ノ人カ或ハ老人貴人ニ順フ時ハ親愛ヲ得テ幸慶可有氣ヲ急ク事ノ難成意物ヲ乍見手差ノナラス意

初蹇　初ハ辛勞多シ後ハ大テイヨロシ　二井　舊キヲ守テ吉シ妄リニ動クヿアシヽ　三比　貴上ノ人ニ順フニヨロシ

四咸　吉　五謙　親類縁者ノ世話ヿ有カ物入アルヘシ　六漸　性急ナルトキハ凶シ信心ナレハ後ニ吉

天時　暴トモ急ニ降ラス壬癸申ノ日ニ雨アラン　願望　成就シガタシ　待人　不来

婚姻　中途ニ間違アリ急ニ調カタシ　生産　初産ハ長引ヘシ男子ナルヘシ　得物　得カタシ

疾病 九死一生ナルベシ腰ヨリ下ノ病　醫師 北東ノ方宜シ　失物 水邊ニヨルヘシ急ニ出ガタシ

變宅 不宜見合ベシ　訴訟 住處ノ爭ヿカ賣買ノ取引アルベシ凶　走者 遠方エ不行後ニ先ヨリ知レベシ

旅行 夏秋ハ見合スヘシドレモ連有バ吉　仕官 首尾宜ク永住ナラズ　抱人 老人ハ宜シ若者ハ見合ニヨロシ

賣買 急ニ利ナシ油斷ナハ損失多シ　高下 油斷ナラズ下ル四爻ノ變ハ上ルベシ　夢 神社寺堂エ参詣ナトスルニ宜シ

## ䷧ 雷水解

解者散也釋ナリ險難ヨリ出テ惡事消散シ雨雷作リテ屈シタルモノ伸ビ鬱シタルモノ開キ草木折ヲ得蟄虫穴ヲ出テ遊ビ魚網ヲ逃レ籠鳥空ニ帰リ罪遷アル者宥赦ヲ得ル總テ

患難解散ノ兆百事發達ノ時ナリ此卦ハ蹇難ニ屈シテ今
此ニ至テ憂苦解散シテ人モ吉事ニ向フ時トスレモ物叓猶
豫怠ナレバ却テ發達ノ時ヲ失ヒ仕損ジ後悔スルヿアラン可
愼事ヲ求望ノ類邪正順逆ヲ正シ事ノ速ナルニ宜シ又油
斷ヨリシテ事ヲ誤ルノ意他所他國ノ人ヲ相手取カ或ハ住居
ヲ離レテ事ヲ起サントスルノ意不圖親シキ人ト離別スルカ或ハ
无益ノ事ニ散財スルノ意向フエハト急ゲドモ足下ニ余義ナキ世話
ヿ有ノ意不圖シタル叓ヨリ親ク力ヲ得ルノ意アリ

初歸妹　不圖爭口舌ノ起ルヿアラン

二豫　家内親類ノ中ニ表向ノ悦ヿアリ

三恒　舊常ヲ守テ宜シ性急ナレハ女ニ心勞アリ

四師　時節ヲ見合スヘシ人ト爭フヿアラン

五困　愼ミ謙キ人ハ盜難病損アリ信心スヘシ

六未濟　物事心掛リナルヿアラン急安心ナラズ

天時　雷雨アラン午ノ日晴ルナルベシ

願望　東ノ人ヲ賴ニ宜シ通達スベシ

待人　連有テ來ルヘシ婦人ハハヤシ

婚姻　調フベシ三爻ノ變ナレハ別テ宜シ

生產　初産男次ハ女トス夜中ハ少シ障アリ

得物　貞正ナレハ得ヘシ

疾病　急ニ治シカタシ神社ヲ祈ルベシ

醫師　辰巳ノ間ノ老醫ヲヨシトス

失者　高キ處ニテ水邊ニヨルベシ何レヨリシ

變宅　動ニ宜シ四六ノ變ハ人ノ異見ニ付ベシ

訴訟　貞正ニシテ我意ヲ不出トキハ勝ヘシ

走者　婦人ノ爲ニ急ニ出ガタシ

旅行　目上カ老人ノ連アルニヨロシ

仕官　貞明ナレハ宜シ

抱人　宜シナレ𪜈不少ハシテ女難アラン

賣買　油斷ナルトキハ損失ヲ招クヘシ

高下　上ル樣子ニシテ急ニ不止夏ハ下ルベシ

夢　雨カ水邊歩ニラン病人ニハ凶シ

䷨ 山澤損

損ハ益也山下ニ澤水有リ山ニ草木アレバ山下ノ澤水自ラ涸ル是下ヲ損シテ上ニ益ス下カレテ上充ルノ象己ヲ損シテ人ニ益シ人欲ヲ損シテ孚ヲ存ス始ノ損トイヘ𪜈後必益スルノ義也君子ハ仁義ニ損シテ誠ヲ存ス小人ハ眼前ノ利益不成ハ不進損害其身ニ求ム華美存シテ質素ノ孚ヲ存スル時ハ損ノ至善ニ叶フ後大ニ益ス故ニ其占叓ト其人ノ正不正ニ依テ皆凶己ニ招ノ兆此卦ハ宜シト雖𪜈我損テ他ノ不足ヲ恵

己勞シテ人ニ益スルノ卦トシレバ親疎ニ不限家事ニ世話苦勞ナル事可有物事急ニ難調性急短慮ノ人ハ必ズ半途ニシテ事破レ難義迷惑スル事アリ貞正安逸ナル時ハ不久シテ親シキ人ノ力ヲ得ルノ意アリ内証ニ事ノ入組テ難解ノ理女難ヲ可防人ニ隱シテ心中ニ思アレ圧難言ノ意先ニ苦ミ後ニ說ブノ義アレバ何事モ時義ノ宜ヲ待ベシ

初蒙　性急短慮ナルニ内ニ次第ニ宜シ　二頤　吉　三大畜　物事宜シキ様子ニテ急ニ埒明カズ

四睽　人ト口舌争論起少シ意ニ叶ヌ慎ベシ　五中孚　静ナルニ宜シ妄リニ變動スル時ハ凶　六臨　万事ニ望ム志多シ退テ宜シ進ニ凶

| | | | | | |
|---|---|---|---|---|---|
| 天時 | 天氣ニナルベシ丑寅ノ日ニハ雨降ル | 願望 | 勞シテ功ナシ心信ナル片ハ貴人ノ助アリ | 待人 | 來ルベシ婦人ハ來ラズ間違多シ |
| 婚姻 | 再縁ナレハアシヽ初縁ハ吉 | 生産 | 月延ルヿアルナレモ安産ナルベシ | 得物 | 目上ヨリノ受ナレハ得ル目下ハ不得 |
| 疾病 | 古疾アリ急ニハ治シカタシ | 醫師 | 西北ノ方ニテ有験ナトノ醫ヨロシ | 失物 | 物ノ下ニアリ急ニ出ガタシ心安キ人ニ尋ベシ |
| 變宅 | 此家ハ水邊ナルベシ初ハ宜シ後ニ凶 | 訴訟 | 和順ナルベシ | 走者 | 婦人ニテ出ルナレモ遠ク不行 |
| 旅行 | 旅中ニテ病難アラン女ノ八災アリ | 仕官 | 人ノ助ヲ得テ宜シ少シ損失アリ | 抱人 | 年限ノ短キハ凶シ長年ナレハ吉 |
| 賣買 | 性急ナレハ凶シ後利ヲ得レ | 高下 | トルヿ多シニ交ノ變ハ少シク上ル | 夢 | 盜難ナトニアフヿヲ用心スベシ |

䷩ 風雷益

益者損也上ヲ損シテ下ニ益ス風雷互ニ助益善ヲ見テ遷リ

過アレバ則改ム是君子已ニ益スノ道也小人ハ利ニ動テ過ヲ不改故ニ凶患危災ニ苦ム我動テ彼ニ順フノ象住處ヲ遷ルニ利シト云リ其順フ處貞正ナル時ハ宜シト百事我意ヲ以テ動ニ不利人ト共ニ事ヲ計ルニ吉トス又風雷起テ物ノ滿溢ルノ義ナレバ剛情氣隨ノ人ハ必ス災害ニ遇フ意有可愼此卦ハ物事間違有テ住居心身共ニ安氣難成不圖シタルヿヨリ口舌爭論スルカ或ハ親シキ人ノ心變ジテ俄ニ恨ミ怒ルノ意アリ可愼印形書物ノ類ニ付テ苦勞ナルヿアリ

危キヲ知テ今ヤヽト身ヲ思フノ意何事ニモ性急短慮ヲ不慎バ近キニ驚動スルヿアラン舊キヲ守テ事ノ静ナルニ宜シ急ガバ人ノ為ニ難儀迷惑ナルヿ可有物ノ便ヲ待カ又他處ノ人ヲ相手取テ事ヲ起ス意

初觀　性急ナルニ不宜貞明ナレバ貴人ノ助アリ
二中孚　色情ヲ慎ベシ妄リニ人ニ順フニ凶
三家人　舊常ヲ守テ新規ノ事ヲ見合スベシ

四无妄　妄リニ事ヲ改ニ凶慎マスキ人ハ損害アリ
五頤　吉
六屯　物事始アシク後ニ漸長ナレバ總テ吉

天時　俗ニ云フアブラブリ後ニ晴レヘ
願望　婦人ノ縁ニ依テ成ヿアリ東ノ方吉
待人　連アリ來ルベシ卯ノ日ヲ待べシ

婚姻　再縁ハ宜シ初縁ハ急ニナリカタシ
生產　安産ナルベシ初ハ女次ハ男辰巳ノ日ナルベシ
得物　得ベシナレ共半ヲ得

疾病 サカシニメ長引ヘシナレモ治ス　醫師 春夏ハ辰巳ノ方醫ヨロシ秋冬ハ酉ノ方ヨロシ　失物 出ル夏ハ早シ冬ハ急ニ出ガタシ

變宅 信心セバ後ニ吉家業繁昌ス　訴訟 目上方老人ニ順フテ吉人ノ異見ニテ間違有　走者 女人ノ為ニ出ルヿアリ後ニ先ヨリ知ル

旅行 東ノ方ハ宜シ北ノ方ハアシ、大抵見合ベシ　仕官 故主ナトヘ歸参アラン性急ナレハ邪魔入アリ　抱人 婦人ハ宜シ男子ハ短氣ナルベシ

賣買 人ニ順フテ人ニ利ヲ得ル我意ナレハ損ス　高下 急ナトキハ凶シ何レ上ルベシ大利ナシ　夢 繁昌ノ場處カ高山ナトヘ登ルヿ有

## 澤天夬

夬ハ決也潰ナリ一陰五陽ノ上ニ在テ其勢ヒ今ヤ危ノ象ニ五陽一陰ヲ決ス剛强ナレバ事ヲ破リ身ヲ害ス貞正溫和ナレバ平ニシテ咎ナシ此卦ハ百事凶兆我意ヲ以テ人ノ諫ヲ不用

人ハ災害離絶ヲ招クト可知住居ニ心身落付ズ産業ヲ破リ
或ハ親キ人ニ離レ後悔難澁ナル事可有物事ハ退シテ時ヲ見
合ニ宜シ性急ナレバ大ニ凶トス二ツ一ツト物ノ適クル意此ヲ離テ可知
何ト心中ニ憂苦甚シ宜ク人ノ異見ニ順ノ時ハ破テ又事ノ調フノ意
不思ニ深入スルカ或ハ言出シタル事ノ今更難引ノ意

初大過ノ内　　二革　目上ノ人ニ傾テ事ヲ改替テ宜シ　　三兌　婦人ニ付テ悦事アリ不圖危キ事ニ逢テ

四需　時節ヲ待ベシ性急ナルニハ凶秋ハ宜シ　　九大壯　不正明ハ住居ニ愁雜驚動アルベシ　　六乾　貞明和平ナルニ宜シ貴上ノ助ヲ得ル

天時　朝霞ノ如クナル事有後日和ナルベシ　　願望　借カ婦人ヲ以テスルナキハ平シ　　待人　才來急ニ障アルベシ借女ハ來ル

婚姻　不宜无理ニ為ス時ハ大ニ後悔ナル事アリ　生産　初ハ女子次ハ男子ナリ少シ障リアラン　得物　急ニ出ガタシ信心貞正ナルトキハ少得

疾病　頭ノ病カ何レ逆上ノ症ニテ長引ベシ　醫師　西北ノ老醫カ有髪ナル人宜シ　失物　出カタシ西北ノ方ニ有婦人ヲ尋ヌベシ

變宅　大抵宜シ別而信心ナルトキハ後榮昌ス　訴訟　貞明ニ取計トキハ勝トナル人ノ異見ニ付ベシ　走者　急ニ知レガタシ高キ地所ヘ行

旅行　連有ハ宜シ一人ナラバ見合スベシ　仕官　不宜後間違損失ヲ生ルト知ルベシ　抱人　中年以下ノ人ハ宜シ以上ハ不宜後損アリ

賣買　舊常ヲ守テ宜シ取引何事モ凶　高下　ヒルコトナシ返テ損失アラン　夢　高山カ又神社ヲ見ル、ミロ舌争ヲツヽシムベシ

䷫　天風姤

姤者遇也一陰内ニ主ト成テ五陽ニ遇フ一婦五男ニ遇ノ象

不貞ノ如シ遇合ト云㕝正義ニ非ズ邪義不貞ニシテ相遇

女壯ニシテ男弱ク一陰ニシテ終ニ五陽ヲ剥グ姤ノ時宜ク戒メ愼ンデ剥ニ至ラザルノ患災ヲ可避此卦ハ物事始終不定彼ニ離レテ是ニ依リ始メ親ンデ後ニ疎ンズ怠慢猶豫シテ事不決必ズ仕損ジ有テ後悔スルヿ有ベシ余義ナキ事ヨリ争論口舌ノ起ル意物ニ疑惑有リテ自ラ事ヲ誤ルノ意不圖シタルヿヨリ入魂ニナルノ意住居ヲ變テ事ヲ望ノ意見合ニ宜シ物ノ始メハ様子宜シク其義半ニ至テ事ノ難成ノ意女難ヲ可防諸事隠者婦人ヲ以テ計ルニ宜シ男

八凶ニシテ女ニ宜キノ理又藝能有人ハ寵愛セラルヽノ意

初乾　貴人ニハ吉中以下ノ人ハ萬事見合スベシ
二遯　貞明ニ舊産ヲ守吉妄リニ進ムベカラズ
三訟　不計親類縁者ト口舌爭論起ルコト有

四巽　心定リガタキ意アリ性急ナレバ家内ニ心勞アリ
五鼎　物更新ニ定ルコトアリ堅固ナル人ニハ吉
六大過　我意ヨリ身ヲ落シ又災害アラン

天時　曇リテ風アリ春夏ハ後雨降ル
願望　今暫ク見合スベシ性急ナレハ後障アリ
待人　來ルモオソシ目上ノ人ニ氣象有テ日間トル

婚姻　調フトモ後ニ障アリ見合スベシ
生産　半途ニテ障リナリ信心スベシ
得物　得カタシ

疾病　大切ナリ風ノ内ヘ含タル病外邪多シ
醫師　戌亥ノ方ノ老醫ヲモトムベシ
失物　出カタシ戌亥ノ方

變宅　不宜舊常ヲ守テ吉妄リニ動クベカラズ
訴訟　勝利ナシ内濟ニ宜シ我意ナレハ凶シ
走者　余義ユキシハ事ニ出ルコトアリ出カタシ

旅行　遠方ハ不宜近クハ行クベシ
仕官　見合スベシ後々女難ナリ
抱人　見合ニ吉計ラザル出入アリ

賣買 賣ニ利アリ念ヲ入サレバ損失アリ 高下 動カタシ次第ニ下ルヿ多シ 夢 仕官スルカ又事ヲ改メ替ル意アラン

䷬ 澤地萃

萃ハ聚也上兌ニシテ說ビ下坤ニシテ順也內順ニシテ說外ニ顯ハレ祭祀ノ吉占也百事吉ニシテ不通ト云ヿナシ然レドモ物聚レバ亂レ人聚レバ爭フ占者此義ヲ活斷スベシ君子ハ才德ニ聚リ小人ハ利欲色酒ニ聚ル故ニ其聚會スル所正不正ニ依テ吉凶是ニ順フ此卦ハ貴賤聚會シテ市ヲナス如ク物ノ繁昌スルノ意アレドモ性急短慮ナレバ口舌爭

疾病　食傷ナトノ意アリ腹中ノ疾多シ　醫師　西北ノ醫宜シ又藥違ノコトアリ　失物　出ガタシ一人ニアラズ未申ノ方ヘ出

變宅　望ミ多シナレモ始終不宜見合スベシ　訴訟　人々ノ異見マチマチニテ利ヲ失フコトアリ　走者　連ノ者誘引有ルベシ何レ繁昌處

旅行　連有テ行トキハ宜シ女難ヲツヽシムベシ　仕官　其身ノ利口ヲ出トキハ却テ名目ニカヽル　抱人　樣子宜シク後不圖女難起ル人ナリ

賣買　人ノ為ニ損失多シ用心スベシ　高下　上ゲ下ゲナシ返テ油斷ナルトキハ下ル　夢　多ク人ノ集ルコトヲ見ルベシ損失アラン

## ䷭ 地風升

升者進也發ナリ木地中ニ在テ漸長ニシテ發起シ終ニ大木トナルノ象進昇ナリト云モ遽ニ進ムニ非ズ又十合ヲ升ト云フ十度用テ升トス皆漸長順路トナルノ義也内巽ニシテ

順也外坤ニメ人柔順也是順道ナル故ニ能其高大ヲ爲昇進ノ吉兆百事順正ナル時ハ吉トス物事性急ナレバ大ニ事ヲ破リ却テ難義迷惑ナルヿアラン靜ナルニ宜シ親ニテ兄弟或ハ夫婦ノ中ニ爭ヒ有カ世話苦勞ナルヿ有順ヲ捨テ逆ニ走ルノ利有可愼人ニ隱シテ心中ニ物ヲ疑フノ意何ニトナク住家ニ氣ノ動ク意今ヤ今ヤト物ヲ待遠キノ理アリ

初泰　吉

二謙　貞正和順ナレバ家齊榮名アリ

三師　其舊處ヲ守ニ安ニ變動スルハ敗レ

四恒　家内緣談ノ有カ何レ世話ノアリ

五井　正明ナラザレバ不圖災難損失アリ

六蠱　婦人ノヿヨリ目上ノ人又親類ト口舌起ル

天時　曇ルヿアリ後風有テ晴ヘシ　願望　叶フヘシ身ヨリ増名ヿ望ノ意アリ凶　待人　來ルベシナレドモオソシ未申ノ日ナルヘシ

婚姻　性急ナレハ調ガタシ静ニ能々聞合スベシ　生産　初ハ女子次ハ男子ナリ辰巳ノ日ヲ待ベシ　得物　借カ婦人ヨリハ得ヘシ其外ハエガタシ

疾病　急ニ治シガタシトモ命ニサハリナシ　醫師　辰巳ノ方ノ醫ヲモトムベシ　失物　急ニ出ガタシ静ニ尋ヌル戌ハ後ニ知ルベシ

變宅　不宜舊常ヲ守ルニヨロシ　訴訟　和談ナルニ宜シ我意ヲ出ストキハ後悔アリ　走者　隠レテ知レガタシ後先ヨリ女人ノ手ニテ知ルヘシ

旅行　見合スヘシ心ノマヽニナラズ　仕官　様子宜クシテ急ニナラス　抱人　見分ハ宜クシテ大ニ心中ハ凶シ

賣買　貴人ノ助ヲ得テ少ク利ヲ得ヿアリ　高下　次第ニ少シツヽ上ル中途ニテヒカヘテ宜シ　夢　物ヲ待カヌル意アリ或ハ水邊ヲ往來スルヿアリ

䷮ 澤水困

困者窮也ナリ澤ハ止水ニシテ坎水ハ動ク澤ハ其水受

ル處限アリ澤ノ下一陰欠テ坎トナル則澤水下ニ漏流テ不止ノ象ニシテ困窮痛心ノ時是河ノ中ニ水ナキノ意ニ而甚乏シキノ義也君子ハ己ヲ困テ時義ヲ守小人窮スル時ハ志亂レテ益困ム大人ハ義ヲ以テ困ミ而モ其通亨ル小人ハ利ヲ以困ム故ニ窮スルニ至テ言ヲ飾リ邪智ヲ以テ人ヲ欺ク百事凶君子小人其困ム處不同占者事ノ邪義實正ヲ詳ニシテ吉凶可活斷此卦ハ貞正堅固ナレバ今窮シ困ムトイヘ𪜈後必ズ險ヲ出テ説ノ時ニ遇フナレ𪜈遲シ唯宜ク困ヲ守テ

時ノ至ルヲ可レ待物事不自由ニシテ心中便ナキノ意性急ナレバ住居ニ離レ又親シキ人ニ遠ザカルノ意金銀病苦スベテ物ニ不足有ノ理説ヲ以テ危ニ入ル象有レバ色欲勝負事ノ類ヲ愼ムベシ官難アラン又不義不正ナルヿニ是ヲ得バ必ス近キニ災害來ルト可レ知

初兌　不信心ナルモノハ不圖婦人ノ世話ヿアリ
二萃　進退トモニ我意ヲ不出人ニ順フニヨロシ
三大過　凶
四坎　性急短リヨリ大災害論難アラン
五解　目下ノ人ニ付テ油斷ヨリ損アリ色情ヲ愼ムベシ
六訟　總テ口舌爭ヲツヽシムベシ

天時　曇リテ雨ナシ好人トキハナシ風アリ
願望　調カタシ信心堅固ナラサレバ病ソンアリ
待人　來ラス酉ノ日ヲ待ベシ

婚姻　調ガタシ間違ヿ多シ長ハ半吉
生產　流產ナドアラン隨分信心スベシ
得物　得カタシ酉子ノ日ヲ待ヘシ

疾病　腹中ノ病カ食傷ノドノ患アリ
醫師　西ノ方ヨロシ再三替リテ宜シ藥功ナシ
失物　出ガタシ一人ニアラズ連アルベシ

變宅　不宜初爻ナレバ半吉大抵見合スヘシ
詞訟　様子宜クシテ利ナシ人ニ順フニ宜シ
走者　遠ク不行途中ニテ難義迷惑ナルヿ多シ

旅行　途中ニサハリアリ或ハ不計損失ス
仕官　見合スベシ出入トモニヨロシカラズ
抱人　不見合抱人

賣買　進退トモニ不宜舊產ヲ守ルベシ
高下　ドルヿ多シ何事モ見合スベシ損アラン
夢　損失間違ヿアラン信心スベシ

䷯　水風井

井者靜也巽木ヲ以テ坎水ノ下ニ入レテ其水ヲ上ニ出ス則井ノ象也靜ニシテ養フヿノ常アルハ井也井ハ汲テ不盡不汲ハ

井ノ用ナシ邑ハ乃シ可改井ハ不可移身ヲ安ンジテ動クヿナク道ヲ守光虧ヒ險ニシテ下順也險ノ危ヲ見テ順ニシテ物ニ變動スルヿ勿レ順ヲ離レテ動片ハ必坎險ノ危ニ陷ル百事相愼マザレバ大凶井ハ君子ヲ以テ論ズルトキハ吉ニシテ常有リ小人ヲ以テ論ズル片ハ必ス八九分ニシテ弃廢ノ兆トス此卦ハ諸事可愼住家安寧ナラズ君臣父子夫婦ノ中ニ心勞可有又舊ヲ守テ新規ニ事ヲ動スヿ勿レ勞シテ無功空ク力ヲ費ス憂患離別ヲ含ム

ト可知物事無便ノ意ニシテ事アレ𪜈不成物アレ𪜈手ニ難

入ノ理有リ我意ヲ去テ人ノ諫ニ付時節ヲ可待後必ス吉

慶發達アラン

初需　静ニシテ其常ヲ守テ吉性急ナルトキハ凶
二蹇　不圖災難ニ逢フカ住處ヲ動カントスルノ意アリ
三坎　凶

四大過　人ノ為ニ大ニ心勞スルカ病難アリ
五升　皆常ヲ守テ安ニ變動スルヿ勿レ後吉
六巽　心ノサハヽトシテ油断スル𪜈ハ損ヘ

天時　風アリ少ク曇ル何レ雨ヲ催フス
願望　叶フヘシ身分ヨリ増タルヿヲ望ノ意
待人　來ルヘシナレ𪜈遲シ辰巳ノ日ヲ待ヘシ

婚姻　アシヽ調フヿナシ再縁ナルベシ
生産　初産ハ女子次ハ男子辰巳ノ日ヲ待ヘシ
得物　僧カ婦人ヨリ得ヘシ其外ハ乏カルヘシ

疾病　重シ陰病ノ症ナリ
醫師　辰巳ノ方ヲ求ムベシ急ニ功ナシ
失物　急ニ出ガタシ静ニ尋ルトキハ知ルベシ

變宅　不宜舊產ヲ守ルヘシ　訴訟　和談尤ニ宜シ我意ヲ出ストキハ後凶　走者　深クカクレテ意ニ知レカタシ後先キニ知ル

旅行　見合スヘシ心ノマヽニナラス　仕官　様子宜シクシテ急ニナラス　抱人　見分ケ宜シ□□心中大ニ凶

賣買、貴人ノ助ヲ得テナスコシク利ヲ得ル　高下　仕來リハ夏ノ内ハ少シ利アリ秋冬ハ下ル　夢　物ヲ待カヌル意アリ或ハ水邊ノ往來スルナリ

䷰

澤火革

革者改也變也離ノ火ヲ以テ澤ノ水ヲ革テノ湯ト為ス離火澤水相剋シテ用ヲ相通ズ始メ背テ後ニ合舊ヲ革新規ニ付是變易ノ道ニシテ其変易スル處悪ヲ改テ善ニ變ス生ニ熟トス變革ニ宜シト雖モ輕卒ナル時ハ不宜邪正偽實ヲ正ス

テ速ニ事ヲ改ルニ吉トス百事吉兆此卦ハ發達榮昌ニ赴ク卦ニシテ人モ立身出世有トス事ヲ革改ニ宜シ然レモ邪義不正ノ事ニ此ヲ得バ親ミ破レテ住居ヲ退艱難迷惑スルヿ可有貞正ナレバ自然ト貴人ノ引立ニ依テ幸悦ノ事有ノ物ノ入組タルヿ有テ今日ヤ明日ヤト事ヲ分チ調ルノ意アリ物ノ盡テ始リ破レテ又調ノ義アレバ何事ニモ人ヲ以テ計ニ宜シ此ニ離レテ向フニ説ノ理有占者此義ヲ可解

初咸 婦人ノヿニテ不圖悦ヿアラン吉

二夬 親キ人ニ付テ住處ニ心勞アラン

三隨 貴上ノ人ニ順フテ萬事宜シ利口ヲ出ス勿レ

| | | |
|---|---|---|
| 四歸妹　俄ニ物ノ間違アラン慎マサレハ色情ニテ口舌起ル | 五豐　安静ニ事ヲ計ルニ宜シ家幸榮昌アルヘシ | 六同人　家内ノ人ノ出入多ク又余義ナク物入アラン |
| 天時　日和ナルベシ四季ニヨリテ定リカタシ | 願望　叶フヘシ性急ナレハ邪魔入テ調ヒガタシ | 待人　來ルヘシ約束ノタガヘコトヲ替テ來ルベシ |
| 婚姻　宜シ再縁ハ別シテヨロシ | 生産　安産ナルヘシ初ハ少シ障リアリ | 得物　得ヘシ人ノ為ニ或ハ更ヲ空クスルコトアリ |
| 疾病　自病ノ發スルノ意醫ヲ替テ宜シ | 醫師　西南ノ醫ヲ求ムヘシ藥功ナシ轉藥シテ宜シ | 失物　出カタシコトニ依テ先ヨリ知レヘシ |
| 變宅　改テ宜シ人ニダマサルヽコトアラン | 訴訟　勝トナルベシ我意ヲ出ストキハ利ヲ失フ | 走者　婦人ノ縁ヲ尋ヌヘシ早ク知レベシ |
| 旅行　ツレ有ハ宜シ西南ハ不苦北ハ凶シ | 仕官　横合ヨリ邪魔ノ入ルコトアリ用心スベシ | 抱人　宜シ後々ハ為ニナルベシ |
| 賣買　貞正ナレハ利ヲ得ン尤性急ヲツヽシムベシ | 高下　上ルコトナシナレドモ買入ハ三五ノ後ハ上ル | 夢　離別ナドカ不計損失後悔アラン |

䷱ 火風鼎

鼎者定也烹飪ノ器也下ノ一陰ヲ足トシ二三四ノ陽ヲ腹トシ五ノ陰ヲ耳トシ上ノ陽ヲ鉉トス則是鼎ノ象巽木ヲ以離火ニ入レ烹飪スルハ鼎ノ用也故キヲ棄テ新ニシ悪ヲ去テ善ヲ取リ腥ヲ變ジテ熟トシ香味トナス鼎者三足峙テ互ニ力ヲ相助テ共ニ和合ス若一足折ク時ハ必覆リテ自立スルコト不能占者此義ヲ思ヘ此卦ハ百事舊ヲ去テ新ヲ取ルノ意ニシテ邪僞不正ナルコニ是ヲ得ハ速ニ改メ計ニ宜シ悪ト知テ行ヒ不義ト知テ計ルハ鼎ノ道ニ非ズ改過邪正ヲ分ヲ以吉トス物事遲

滞スルニ不利速カナルニ宜シ又住居ヲ動カ或ハ今迄續タル事ヲ改變ルノ意有然レモ我意ニ任セテ事ヲ計ニ不利他皆衆評ニ順ニ利ニ他處他國ノ人ヲ相手取カ又親キハカヲ得ルノ意印形書物等ノ間違ニ付テ心配ナルヿ有ニ可愼剛情ニシテ人ノ異見ニ不從時ハ妻子ニ別レ住居ヲ退程ノ損難可有跡先ニ心ヲ配リ余義ナク人ニ順ヒ居ルノ意

初大有　性急ナルハ事ヲ敗　破スルヿミムベシ

二旅　家内ニ心ノ落付難キ　意アリ又口舌ヲ主ル

三未濟　静ナレハシタシキ人ノ　助ヲ待ツヿアリ

四蠱　目上ノ人ト不圖爭　論スルヿ何レモ大凶

五姤　婦人ノ為ニ身ヲ　損スルヿアラン

六恒　婚姻ノ世話ヿアリ　大抵吉ナルベシ

天時　雨中ノ考ナレバ忽チ晴ル又日和ナレバ雨トナル　願望　信心堅固ナルトキハ叶フ人ノヿニテ物入アリ　待人　來ルベシ南東ノ人ハ早シ

婚姻　性急ナレバ凶次第ニトヽノフノ意アリ　生産　安産ナルベシ女子ナリ辰巳ノ日ナラン　得物　得ベシナレ圧外ヨリ邪魔〆者ナドアラン

疾病　全快スベシナレ圧オソシ　醫師　東南ノ醫者ヲモトムベ　失物　出カタシ高キ處ニアルベシ

變宅　カヘテ宜シ人ノ異見ニ順フベシ　訴訟　我意ヲ不出正理ナルヿヲ專ニスベシ　走者　婦人ノヿニテ出ル先方ヨリ知ルベシ

旅行　連アルベシ東南ノ方別シテヨロシ　仕官　夏秋ハ宜シ其外ハ見合スベシ　抱人　不足ノヿ有テ後悔マルヿアラン

賣買　貞正ナレハ利ヲ得ルナレ圧急ニ損ス　高下　上ルベシ二四ノ爻變スルトキハ下ル　夢　離別カ不圖損失後悔アラン

䷲

震為雷

震者動也重雷響ヲ發シ無事者愕然トシテ驚ク況ニヤ

今日罪ヲ荷ヒ不正不義ノ行ヒ有人ヲヤ又震雷威ト云圧人
誠敬ヲ存スル𪜈ハ始メ驚動スル圧後无叓ニシテ慶昌有ニ誠
敬恐慎ノ人ハ家慶ヲ得又剛强不慎ノ人ハ必ス災害ヲ招ク聲
有テ無形有虛テ無實ノ象ニメ吉凶共ニ慎ノ淺深ニ依テ難
一定ノ卦也一陽二陰ノ下ニ生ジ動ノ義也故ニ人モ先ニ進ム
ノ心而已ニメ後ヘヲ顧ルニ無暇ノ意ナレバ常ノ人ハ油斷妄動ヨ
リ患難損失ヲ受ルト可知此卦ハ始驚テ後靜ナルノ意ニメ
吉凶共ニ始終タシカナラズ大人ハ吉ニメ發達ヲ得小人ハ剛强

短慮ニテ事ヲ廢シ住家ヲ退ク程ノ難ミ可有物ニ疑惑有
テ思慮不決親ミ破テ離散ノ兆トス我意性急ヲ捨テ人
ノ諫メニ順フニ宜シ後必説笑有ニ物二ツ有テ何レニセンヤ
志ノ落付ザル意又近ヲ發テ遠キニ望ノ理有

初豫　一度動テ後定ルノ意アリ幸悦アラン
二歸妹　印形書物ノコニ付テ難義迷惑アラン
三豐　目上ノ人ト不圖口舌爭論起ルカ又損失ヲ招ク

四復　靜ナル時ハ後大ニ宜シ時節ヲ待ヘシ
五隨　婚姻養子ナドノ世話ノコアラン吉
上噬嗑　不正不實ノ人ハ大ニ悪シ公邊ゴト起ルヘシ

天時　雷雨ナドアラン春冬ハ曇ルベシ
願望　性急短慮ナレハ爲難シ叶ヒガタシ信心スヘシ
待人　遠方ヨリ待人ハ早シ近クハオツシ

婚姻　再縁ハ調フベシ初縁ハ不成後出入アラン
生産　少シ障リアラン信心スベシ男子成ナラン
得物　様子ヨクシテ得ガタシ後ニ少シク得

疾病　病サカンナルベシ急ニ治シカタシ　醫師　東ノ方ノ醫ヲ求ムベシ藥違ノキナラン　失物　遠方ヘ失フナレ圧先方ヨリ知レベシ

變宅　見合スベシ余リ好ミスギテ返テ凶シ　訴訟　人ノ異見ニ順フニ宜シ我意強キ時ハ損アリ　走者　遠アルコアリ俗ニ骨折シテ急ニ知レカタシ

旅行　遠方ハ見合ベシ尤モ近レアルナレハ害シカラズ　仕官　心ニツニ迷フテ定リ難シ目上老人ニ依ルベシ　抱人　婦人ハ大ニ凶男子ハ大抵ヨロシ

賣買　貞正和順ナル人ハ追々ニ利分益ス　高下　米夏ハ上ルベシ秋冬ハ下ル事多シ　夢　水邊ニテ損失ノコアラン貞明ニスベシ

䷳　艮爲山

艮著止也一陽二陰ノ上ニ止ル止ル處ニ止ツテ外ヲ不願時ハ隨ヒ理ニ順フヲ以テ止トス時共ハ則止リ時移ル𪜈ハ則移ル止動共ニ事ノ邪正僞實ヲ正シ我意剛慢ヲ捨テ其宜ニ止ルヲ以テ吉

トス君子ハ仁義ニ止リ小人ハ色欲華美ニ止ル其止ル處ニ依テ吉凶大ニ異ナリトス重艮ハ人ノ背ヲ合立ルノ象ニシテ互ニ相與シテ其力ヲ助合ス事不レ能互ニ背キテ獨立セントス又憂苦ノ二山重タルノ義ニシテ百事半調半破ト可レ知然レ圧其舊キヲ勤テ外ヲ不レ求基根强ク其道々ヲ行フ片ハ後榮達可レ有何事モ性急ナルニ不レ利又新キニ事ヲ起シ望ノ類ハ不レ宜親疎共ニ不和順ニシテ速カニ物事通達シ難シ兩手ニメ事ヲ計シトスルノ意又一ッ動キ一ッ止ルノ理有可レ推

初賁　家内ナド二普請スルコトアラン貞明ナレハ吉
二蠱　凶
三剝　不計親類縁者ニ付テ舌争ヒアラン目下ノ者損ス

四旅　物ヲ改労ヘテ新規ノコトヲ企ル意アリ見合ヘシ
五漸　貞正堅固ナルニ宜シ何事モ漸長ナレハ吉
六謙　物事急ニ調ヒカタシ時節ヲ待ヘシ急トキハ損ス

天時　曇ルヘシ急ニ天氣ニナリカタシ秋ハ日和
願望　邪魔有テナリカタシ望ニツ有テ心定ラス
待人　來リカタシ急ニハタヨリナシ

婚姻　調カタシ間違コトアリ見合スヘシ
生産　障有ヘシ秋ハヨロシ信心専一ニスベシ
得物　横合ニ邪魔ヘ有テ得ガタシ

疾病　背ニ付シ病多シ長引ヘシ急ニ治シカタシ
醫師　未申ノ方ニ老醫ヲモトムベシ
失物　未申ノ間ニテ高キ處ヲ見ヘシ急ニ出ガタシ

變宅　止テ宜シ動トキハ損失災アリ
訴訟　勝利ナシ和談ナルニ宜シ後利運トナル
走者　心ツレアラン深クカクレテ急ニ知レカタシ

旅行　神社ヘ參詣ナトヲ心掛アラン吉遠方ハ見合ヘシ
仕官　間違多シ見合ヘシ始終心労タヘス
抱人　不宜後悔スルコト多シ公難ノ起ルコトアリ用心スベシ

賣買　見合ヘシ彼是心労多ク損失アラン
高下　次第ニ下ル急ニ上ルコトナシ冬ハ少シ上ル
夢　高山ヘ登ルカ迷惑スルコトヲ見ヘシ争ヲ主ル

## ䷴ 風山漸

漸者進也漸進之義事ニ觸レテ妄キニ進ム漸進ノ道ハ天道ノ常ニメ時々刻々晝夜往還テ隔滞無ク進ムニ次序有ヲ言フ卦象ハ巽ヲ上ニメ艮ヲ下ニス是止テ物ニ順フノ義ナレバ其可止ニ止リ其順フ可ニ不レ順ハ百事凶兆小ヲ積ンデ大ニ成スノ象漸長ニシテ進ム時ハ發達美名ヲ得ル此卦ハ物事急速ナルニ不レ利事ノ前後ヲ計リ時義ノ宜ニ順フテ進ムニ爲ニ吉常人ハ性急輕卒ニメ事ヲ誤ルノ意有リ可レ慎物ニ宜キ手筋

ヲ得却テ心配憂苦スルノ意夫婦ノ中ニ思事有カ或ハ年違ノ人ト色情ノ難ニ有ノ意無益ノ事ニ氣ヲ急カ咄ニ聞テ未ダ手ニ難取ノ理有

| | | |
|---|---|---|
| 初家人　婦人ニ付テ悦ヿアルベシ次第ニ吉 | 二巽　性急ナルヿヲ可慎ノ落付カタキ意 | 三觀　貴人ノ助ヲ得ルカ又ハ人ノ為ニ心労ノ起ヿアリ |
| 四遯　貞明正順ナルニ吉進ムニ凶止ルニ幸アリ | 五艮　不信心ナル時ハ大ニ病難口舌争ヲ上ル | 六蹇　不計住居ニ變動ノヿ有ニ妄リニ動ニ凶 |
| 天時　風ノ後晴ル春ハ雨多シ辰巳ノ日日和 | 願望　調フベシナレ圧急ニ叶ガタシ | 待人　来ルベシ少シヲソシ辰巳ノ日ナルベシ |
| 婚姻　宜シ後々大ニ繁昌スヘシ女ノ年増ノヿ有 | 生産　安産ナルベシ初男次ハ女子ナルベシ | 得物　十分ニハアラス何レ七分得ベシ |
| 疾病　全体白病同様ノヿニテ古キ病症ノ發ナリ | 醫師　辰巳ノ方ヲ求ムベシ老醫宜シ | 失物　終ニハ知レヘシ急ニ出ガタシ丑寅ノ方 |

變宅　急ニ變動スル̄凶シ貴人ニ順フテ宜シ
訴訟　和談ナルニ宜シ我意ヲ出ストキハ災多シ
走者　婦人カ出奔ナド有ベシ

旅行　連レアレハ能タツ子合シテ行ヘシ
仕官　宜シ性急ナルトキハ間違コアリ
抱久　宜シ後々爲ニナル久ナルヘシ

賣買　次第ニ利運アランハニダマサルヽ̄有
高下　世間ノ沙汰トチカヒ次第々々ニ少シツヽ上ル
夢　旅行ナトヲ見ルカ又山ニ登ルモヨシ

䷵ 雷澤歸妹

歸妹者大也嫁歸也歸妹者天地ノ大義タリ男女配遇ノ義易中ニ咸恒漸歸妹ノ四象有然レドモ各其配遇スル處皆一ナラ不或ハ有レ正有レ不正占者能卦象ヲ明メ可ニ活斷一此卦ハ兌ノ少女震ノ長男ニ遇ヒ其情悦ヲ以テ動ク皆正道ノ配遇ニ非ズ卦象

ハ説ヲ以テ動ク説ヲ以動クモノハ不義不正ナルヿ多シ百叓
末ヲ不保反覆隔滞可レ有事皆棄廢憂離ヲ主ル此卦ハ
諸事間違有テ難義迷惑ノヿ可レ有又自他ノ志不レ知物事
背キ違テ住居ニハナレ或ハ親キ人ノ心變ズメカ便ヲ失フノ
意不圖ニシタルヿヨリ口舌争論ニ及ブノ意有可愼散財
女難ヲ可防言出タル事ハ二ツ有テ案ジ迷フノ意モノニ
進ミ過テ本ニカヘリ難キノ意アリ

初　解　婦人ニ付テ口舌争ヿ有ニ万事由断ナラヌ
二　震　性急短慮ナル卦六日与氣ヲ背ク心労アリ
三　大壯　書物印形ノ取引ヿヲ念入ヘシ進ム凶退ク吉

| | | | | | |
|---|---|---|---|---|---|
| 四臨 | 進ニハキテ退クーカタニ後悔アラン | 五兌 | 養子又別家ナドノ世話一アラン | 六睽 | 我意利口ヲ出スヿヒニ不圖損失アリ |
| 天時 | 雷雨ヲ含ミテ急ニト晴成ダノ日ハ天氣 | 願望 | 彼是物ニ間違有テ叶ヒカタシ信心スヘシ | 待人 | 來ルヘシ連アルハ早シ伺シ冬ハヲソシ |
| 婚姻 | 内縁ナトニハ宜シ初縁ナラハ念入ヘシ | 生產 | 男子ナルヘシ卯辰ノ日產ス又急產ノ意 | 得物 | 少シ障有テ十分ハ得ガタシ半得ルノ心 |
| 疾病 | 速ニ成タニ自病再發シ又食傷ノ意 | 醫師 | 辰巳ノ方ノ醫ヲ求ムベシ北ノ醫ハ見合ベシ | 失物 | 急ニ知レカタシ又婦人出家ノ緣アリ |
| 變宅 | 動テ返テ心痛多シ舊庄ヲ守テ吉 | 訴訟 | 一筋ニ利運ナラヌト心得テ返テ悦アリ | 走者 | 八二廿ハ日ヒテ出ル繁昌ナ地ヲ尋ヌヘシ |
| 旅行 | 急ニ旅ニハ連ヲ得ヘシ又旅ハ見合ヘシ | 仕官 | 性急ナルヘシ凶シ横合ニ邪魔出來ル | 拘人 | 男女ノ色ニ尋ヌ宜シ後悦アラン |
| 賣買 | 勝利ナシ性急ナレハ損アリ退クニ吉 | 高下 | 初ハ下ル後ニ上ル十七日二六ノ變ハ損多シ | 夢 | 跡モナキ事ヲ見ルベシ又後ニハ宜シ |

䷶ 雷火豐

豐者盛大也物滿極テ衰ノ始トス上震ニシテ動下離ニシ
テ明カ也君子ハ動クニ明ヲ以ス故ニ動テ益明徳ヲ大ニス常
人盛大ノ時ヲ得レバ華美色欲ヲ專トシ而モ我意剛慢ナル
ル故ニ本心ノ明鏡蔽レ終ニ明ヲ傾デ暗ニ落ル是明ニ背キ
テ暗ニ入ルノ象ニテ必衰敗ヲ求ム此卦ハ百事進ニ不利ニ退
シテ人ノ思身ニ順フニ宜ニ人情背違テ無親ト成ハ僞リ迷ハ
サル、ノ意親子兄弟或ハ親ト人ノ爲ニ金銀ノ損失有カ憂苦
離散ノ可有新ニ事ヲ起シ望ノ類必不利左右ニ物有

テ進退迫ルノ意有過去リタル事ヲ後悔スルノ意次第

々々ニ物ノ散リ失ルノ意

初小過　慎ミ薄キ人ハ家内ニ愁離損災アラン　二大壯　総テ進ミテ凶シ貴人ニ順フテ宜シ　三震　性急短慮ナレハ少ノコニモ損失多シ

四明夷　凶　五革　占キヲ捨テ新規ノ事ヲ企ルノ意アリ　六離　家内目下ノ者ニ不計離散スルヿアリ

天時　日和ナルヘシ夏秋ハ雷雨アラン又少シ荒ノ意　願望　叶フヘシ余リ進過テ返テ損失ヲ招ク意　待人　ツレアリテ来ルヘシ辰巳ノ日ナルヘシ

婚姻　調フベシ急トキハ間違アラン　生産　安産ナルヘシ又月延ルヿアラン　得物　目上ヨリノ事ハ得ヘシ其余ハ得カタシ

疾病　病盛ニシテ大切ナリ醫ヲ替ヘシ　醫師　卯辰巳ノ方ノ毛醫ヲ求ムヘシ　失物　出カタシ相手アラン後ニ知レベシ

變宅　繁花ノ地ヘ動ク意アリ見合スヘシ　訴訟　印形書物ナトノ事ニテ起ル進ンテ凶　走者　人ニサソハレテ出ル意急ニ知レカタシ東南ノ方

旅行　途中ニ少ク障有　貴人ニ順フニ吉　仕官　宜シナレモ永居ハナリガタシ　抱人　性急ナルカ又半途ニ間違出來ルヿアリ

賣買　進スキテ後悔スハシ舊常ニ宜シ　高下　夏ノ間ハ上ルヘシ冬春ハ下ルヿ多シ　夢　心ノ進ムヿヲ見ヘシ信心ナキ時ハ口舌起ル

䷷　火山旅

旅者客也羈旅也艮山下ニ止リ離火其上ニ輝ル火山上ニ燒行キ草木高低ヲ不云火ノ逐ヿ鳥ノ巢ヲ焚ガ如シ其處ヲ去テ不處是旅客ノ象雖然始終旅中ニ居ル者ニ非ズ往キテ止リ終ニ又故郷ニ歸ルノ道有占者旅ノ一字ニ泥ンデ必ヾ躊躇スルヿ勿レ進退共ニ離明ノ節義ヲ窺ヒ宜ク止ル處

ニ不レ止ハ却テ旅客ノ路用ヲ失フガ如ク百事憂苦ヲ主ルト可レ知此卦ハ物事不自由ニシテ心身居家トモニ不レ安憂苦ハ達スルトモ喜ヲ不レ達親疎ニ不レ限便ヲ失ヒ心細キノ意我意ヲ出サズ衆ノ諫ニ順ニ宜シ性急ナレバ人離レ支ヲ求望ノ類无益ノ支ニカヲ費スノ意アリ

| | | |
|---|---|---|
| 初 離 不信心ナレハ不レ計離別スル事アリ貞明ニ宜シ | 二 鼎 進退トモニ時節不レ至ト心得信心深キ時ハ吉 | 三 晉 住處ニ少ク心勞アリ小ヨリ大ニ出ルノ意 |
| 四 艮 不正明ナルトキハ身分ニ災難多シ | 五 遯 萬事邪魔ノ入ル事多シ性急ナレハ損ス | 六 小過 心中定リ難キ事有印形書物取引用心スベシ |
| 天時 曇ルトモ急ニ晴レベシ丑寅ノ日ハ雨 | 願望 横合ヨリ婦人ナドノサワリ有叶ヒガタシ | 待人 オソシ丑寅ノ日ヲ待ベシ途中少シ手間取ベシ |

婚姻 半吉ナリ世話人ニ間違アリ念入ベシ　生産 初産ハ女子次ハ男子何レ安産ナルベシ　得物 不正明ノ人ハ得カタシ金銀ナトハ返テ小クウル

疾病 水氣アラン又逆上ノ意アリ　醫師 丑寅ノ方ノ老醫ヲ求ムベシ　失物 婦人ニ尋ヌベシ十分急ニ出カタシ高キ處

變宅 目上ノ人ニ順フテ變スベシ後吉　訴訟 女ノヿカ住處ニカヽワルヿ多シ和順ニ宜シ　走者 遠方ヘ心サシ急ニ知レガタシ近處ニ忍ハ有

旅行 ソレ有ハ宜シ遠方ハ見合ヘシ北ハ凶シ　仕官 歸參ナトニハ宜シ又新規ハ見合スヘシ　抱人 婦人ハ宜シ男子ハ我意強キ人ナルベシ

賣買 相損アラン万事舊例ヲ守テ宜シ　高下 油斷ナラズ下ルヿアリ秋ハ急ニ上ルヿアリ　夢 天象ノヿカ又旅行ナドノヿヲ見ルベシ

☴ 巽爲風

巽者順也入也一陰二陽ノ下ニ生ジ物ニ付テ順ニ入ルノ義也

其象ヲ風トス風ハ君子ノ徳ニシテ萬物能和暢ス然レ𪜈

風勢甚シキ時ハ物ヲ害ヒ傷ルヿ速ニシテ大也風ハ形無ク物ニ觸テ其形ヲ顯ス其觸順スル處正ナレハ亨通ヲ得不正ナレバ大ニ損害廢傷ヲ主ルト可知此卦ハ諸事我意ヲ不出正義實情ノ人ニ隨心スルニ宜シ必己ガ才智ヲ自逹セシトスレバ却テ横合ヨリ邪魔入テ俄ニ叓ヲ破ルノ意アリ可慎物事様子宜シク今一段ニ及デ空ク手ニ難入ノ理遠キニ行カ旅ヨリ歸ルカ何レ家内ニ人ノ出入可有又住家ニ心ノ落付キ難キ事有心身不足如何センヤト物ニ彼是

ト人ノ噂ニナルノ意總テ物事通ジテ而モ事不成遅滞シテ又速カナラズ己ヲ捨テ他ニ随順ナル時ハ不久シテ必助ケ有ト可知

| | | |
|---|---|---|
| 家畜 色情ヲ可慎又親ミキ人ト不和ニナル意 | 二漸 貞實ナルトキハ目上ノ引立ニ逢フベシ | 三渙 妄リニ變動セザレハ後々小利ヲ得ベシ |
| 四姤 勞シテ功ナシ返テ婦人ノ災難ヲ用心スベシ | 五蠱 不圖シタル事ヨリ人ト爭論スルカ又ハ難アラン | 六井 何事モ新規ノ事ハ凶 舊常ヲ守テ宜シ |
| 天時 風アルベシ又巽ノ辰巳ノ日ハ天氣ヨシ | 願望 叶フベシナレドモ性急ニ必竟上ノ人ニタヨルベシ | 待人 來ルベシ遅アラン辰巳ノ日ナラン |
| 婚姻 再縁ノ意アリ初縁ハ少シサワリアリ | 生産 急ニ安産ナラン辰巳ノ日ヲ待ベシ | 得物 得ベシ信心深キ人ハ十分ナルベシ |
| 疾病 熱アリ急ニ治シガタシ信心スベシ | 醫師 藥違ノ事アラン何レ老醫ヲ求ムベシ | 失物 出ベシ辰巳ノ間ニアラン |

變宅　兩方ニテ心中定リカタシ老人ノ異見ニ順フヘシ　訴訟　退クヿヨロシ進ンテナストキハソン有ン　走者　腰ヲシアリ急ニ知レカタシナレ𪜈後知レベシ

旅行　連アルベシ遠方ニテモ苦シカラズ東宜シ　仕官　心定リカタク色々ニ變動ス見合ベシ　抱人　性急ノ人ナルヘシ始終心落付カタシ見合ヘシ

賣買　初利アリ後損ス切ニ心付ヘシ　高下　下ルヿ多シ上ルヿナシ秋冬ハ上ルヘシ　夢　高キ處ヲ見ルカ又ニギヤカナルヿヲ見ルヘシ

## ䷹ 兌爲澤

兌者說也一陰二陽ノ上ニ顯ルヽヲ以テ說トス然レ𪜈說ヲ以物ニ隨フ時ハ不正ニ溺レ易シ故ニ利貞ノ戒アリ非道ニシテ說ヲ求ルトキハ邪諂ニシテ後悔有ン先ニ說フ者ハ後必ズ憂ニ至ル坎水ノ下流ヲ塞テ兌澤トナルノ義ナレバ白叓通

塞ヲ含ト可知此卦ハ大抵喜ノ外ニ顯ルヽ義ナレ𪜈常人此義不能情僞邪正ヲ見合スト共ニ物事相和順ナルニ宜シ親キ中ニ争ヒ有カ婦人卑夫ノ爲ニ難澁離散ヲ招ノ意有可愼不義ノ叓ニ心身動ノ意有バ好色勝散ノ道ヲ可愼始ハ樂ミ終ハ苦ム必他ニ計ラレ或ハ思ヒ不寄讒言ニ逢フ有可防辨口ヲ以人ニ取入ラントスルノ意アリ

| | | |
|---|---|---|
| 初困　不正ニシテ我意強キハ災害アルベシ | 二隨　尋常ヲ守テ宜シ又貴人ノ助カヲ得ヘシ | 三夬　住處ニ心労有心定リカタク貞正ナレバ後宜シ |
| 四節　横合ヨリ妨ケ邪魔ヘアリ用心スベシ | 五歸妹　婦人ノ災ヲツヽシムベシ又思案違ノ叓多シ | 六履　我意ヲ不出貞明ナレバ目上ノ引立ニ逢フヘシ |

天時 日和ナルベシ雨ノ催シアリ近キ内ニ雨アリ

願望 叶フベシ婦人出家ノ縁ナレバ早シ

待人 來ル一戌亥ノ日ヲツヽシムベシ

婚姻 吉再縁ナラン

生産 初産ハ少シサハリアラン次ハ安シ

得物 半得ベシ心得タカヒニテ得ガタキコトアラン

疾病 食傷ナドノ滞リナラン治スベシ

醫師 東ノ方ニテ老醫ヲ求ムベシ

失物 出ベシ二人ノ口サガナリ急ニ出ガタシ

變宅 變シテ宜シナレドモ北ノ方ハ見合ベシ

訴訟 金銀ノコトナレバ和順ニヨロシ

走者 婦人ノコトニ付テ出ルコトアラン急ニ知レガタシ

旅行 宜シ途中ニテ婦人ノ難ヲ用心スベシ

仕官 宜シ歸參ハ見合スベシ

抱人 宜シ隨分念入ベシ性急ナルトキハ損アリ

賣買 半吉ナリカフニヨロシ

高下 上ルベシ四爻ノ變ハ下ル

夢 悦コトアルカ何レ吉善ナルベシ女難ヲ用心スベシ

䷺ 風水渙

渙者散也風ノ水上ヲ行ノ象波ヲ起シ水ニ隨ヒ渙散スルノ義

也巽木坎水ノ上ニ浮ムノ理ニテ舟楫ノ象也貞正ナレバ憂苦
患難解脱ノ時ニシテ吉トシ不正強慢ナレバ自ラ離散損
害ニ向ノト可知又祭祀ノ占ニシテ悪事消散シ患苦身ヲ
離レ百事通達シテ慶榮ニ赴クノ時トス此卦大人ハ吉ナレ
トモ常人ハ渙散ノ時ニシテ未吉トス内外取ニ定リナク親キ人ノ
爲ニ損失憂離ヲ招ク大抵物事義理ヲ見合事速ノ
ルニ宜シ猶豫遲滯スレバ却テ發達ノ時ヲ失ヒ勞シテ無功
親キニ遠サカリ疎キニ親クナルノ意又住居ニ心落付ガタ

ク事ヲ變テ遠キニ行カ他國ノ人ト事ヲ取組スルノ義有

無餘義物ニ順フノ意有

| | | |
|---|---|---|
| 初爻　不正ナレハ色情ノ艱ミ有又不圖口舌ノ事アラン | 二觀　人心背違ノ事ヲ用心スベシ後宜シ | 三巽　物事性急ナルトキハ家内ニ事起ル事有 |
| 四訟　口舌争事ヲ主ル爲事和順ナルニ宜シ | 五蒙　舊常ヲ守テ宜シ次第ニ目上ノ助アリ | 六坎　不信心ナレハ盗難アラン何レ損失ヲ主ル |
| 天時　晴ルナレドモ酉ノ日雨アルベシ何レ風ハ有 | 願望　叶フベシナレドモ急ク事ハ叶ヒガタシ | 待人　來ルベシ酉戌ノ日ヲ待ベシ違アラン |
| 婚姻　夏秋ハ見合ヘシ後間違ノ事アラン | 生産　少シサワリアレドモ安産ナリ | 得物　半得ヘシ目下ノ事ハ得カタシ |
| 疾病　急ニ治シガタシ醫ヲカヘテ宜シ | 醫師　酉戌ノ方ニテ醫ヲ求ムベシ | 失物　出カタシ深クカクスノ意アリ |
| 變宅　妄リニ變動スヘカラス止ルニ宜シ | 訴訟　目上ノ人ト相談ニテ取計トキハ | 走者　婦人ノ事ヨリ走ルノ意後ニ知ルベシ |

旅行　遠方ハ見合ヘシ近クハ苦カラス

仕官　間チカヒアラン貞正ナレハ後ヨロシ

抱人　見合ヘシ性急ノ人ナルベシ又女難有人ナリ

賣買　相損アルヘシ舊産ヲ守ルニ宜シ後ニ利有リ

高下　秋ハ下ル冬ハ漸クニ高クナルベシ

夢　住處ヲ入ハナレルカ目上ノ人ニ災害アラン

䷻

## 水澤節

節者止也澤上ニ水有澤水ヲ受容ル、處限有テ止ル澤水ハ湛テ不流然ドモ水澤中ニ滿溢ル、トキハ流レ覆ル其受容ル、處皆限有テ其余ヲ不容是止節ノ義ニシテ節ハ度量ノ器類タリ又節ハ天地四時ノ節也成ル所節ニシテ度ヲ制シ儉ニシテ以豐ニ盈ル君子ハ能其節ヲ守テ時義ニ順フ故ニ吉トス小

小人ハ我意利口ヲ先トシテ節ヲ不守妄ニ事ヲ計ルガ故ニ平常過失ニ憂フ人能節ノ時ヲ知テ危窮ノ中ニ其身ヲ守リ叓難戍此ヲ以百事未吉ト可知此卦ハ物ニ過不及ナク其節ニ付テ叓ノ止静ナルニ宜シ性急ニシテ物ニ進時ハ必ズ仕損ジ後悔スルヿ可有倹ヲ見テ説ノ象アレバ不義非道ノ事ヲ可慎大凶トス住處不安説來ハ又憂ニ向フノ意有物事塞テ開キ通ジテ又止マルノ意ニメ計ル處不速横合ヨリ物ノ差障ノ意又辧ヲ飾リ人ヲ欺キ迷ワ

ス叓勿レ可慎

初坎　憂離災害ヲ生ル又不信心ナ人ハ損アリ
二屯　安静ナルニ宜シ少モ我意ヲ出ス時ハ心労有
三需　舊常ヲ守テ進マサルトキハ後宜シ

四兌　家内ニ幸悦ノ事有ニ又女難ヲ防ヘシ
五臨　余リ進ニスギテ大ニ損アリ老人ニ順フヘシ
六中孚　貞明堅固ナル人ハ榮昌アリ

天時　曇ルベシ日和ハ少ク又雨降ルベシ
願望　横合ニ障リ有テ萬事中途ニテ間違有
待人　來ルコトヲソシ何レ子ノ日ヲ待べシ

婚姻　見合ヘシ後ニ口舌ノ事ムコ世話人ニ虚言アリ
生産　少シク障アルベシ又月延ルコトアリ
得物　急ニ得カタシ十分ニハ非ズ後少ウベシ

疾病　水腫ノ意アリ又通ジアシクナルノ意
醫師　子丑ノ方ニテ老醫ヲ求ムベシ
失物　出カタシ一人ニアラズ子丑ノ方ニアルベシ

變宅　進ムニ凶シ止マルニ宜シ舊座ノ守占
訴訟　様子宜ク見ヱテ折々手段ノ替ルコト多シ
走者　酉子丑ノ方ヘ行ベシ急ニ知レガタシ

旅行　途中ヲ用心スベシ心ガクノ日ヲ延テ占
仕官　少ノ違ニテ間違有ニ急ニ不宜静ナレバ後宜シ
抱人　通リ不成人ナラン何レ氣質六ケ敷人ナリ

賣買　買ニ利ナシ賣ニ利ノリナレ圧十分ナレ　高下　春夏ハ少シク上ル秋冬ノ間ハ次第ニ下ル　夢　心労ナルヿ多シ何レニモ損失ナルヿヲ用心スベシ

## ䷼ 風澤中孚

中孚者信也无我无心ニシテ至誠ノ義也上下陽ニメ寒トニ中陰ニシテ虚ナルハ中孚ノ象中虚ナル時ハ无我无心也故ニ能物ヲ容ルヽ我心内ニ主トレバ滿テ物ヲ不受故我意ナク我意强慢ナルキハ諫ヲ不容百事悔吝患ヲ招ク又中孚ハ如明鏡中空虚ニシテ能萬象ヲ寫スト云而モ殘止ルヿナシ是中虚ニシテ无我无心ノ故也我説ビテ彼隨ヒ彼入テ内説ノ

義ナレバ己孚信ヲ以スレバ人又孚信ヲ以應ズ其孚信ヲ盡ス
處貞正邪義ヲ詳ニセザレバ吉凶大ニ異ナリ此卦ハ忠貞孝
心ノヿ或ハ人ノ爲ニシテ己ノ利欲ニセサルヿハ百事吉兆通達
スルノ意有又不正不義ナルヿニ此ヲ得バ必ス離散患難ヲ主
ルト可知一ツヽメバ又一ツト思亊ノ不絶ノ意住居ニ不定ノヿ付カ親
ト人ノ爲散財憂苦有ベシ他人ヲ相手取カ又無餘義世話ヿ
掛ル意人ニ隱シテ兇ヤ角ト思フノ意不義ナルヿニ氣ノ進ム意
有レバ色情ヲ可愼何亊モ我意ヲ不出老人貴人ノ人ニ順ニ

宜シ物ニ根基強キ𪜈ハ發達榮昌可有

初渙　心中定リガタク心急ノヿアラン安靜ニ宜シ
二益　貞明ナレハ次第ニ幸慶ヲ主トリ
三小畜　性急短慮ナル𪜈ハ住居ニ驚動アラン
四履　家内ニアヤブムヿ有心勞多シ信心スベシ
五損　止退シテ時ヲ待ニ宜シ後必ス家幸アリ
六節　不信心ナル人ハ家業ニ邪魔入有損多シ

天時　日和ナルベシ雨ヲ含ムベシ變爻ニ依テ雨アリ
願望　叶フヘシ中途ニテサワリアラン
待人　來ルベシ婦人ナド早シ悦ヿカ幸ノヿ有

婚姻　長久ナルベシ
生産　安産ナルベシ辰巳酉ノ日ナラン
得物　半得ナルベシ能々見ナレハ皆得ル[illegible]

疾病　内損意アリ早ク療台スベシ
醫師　外治ヲ兼タル醫ニテ未申ノ方ニ求ムベシ
失物　外ヱ不出急ニ知[illegible]ガクシ辰巳酉ノ方

變宅　手違ノナキヤウニ念入ベシ
訴訟　和談ナレハ後々ニハ利トナルベシ
走者　遠方ヱ不行[illegible]尋スベシ知[illegible]

旅行　連有ハ別シテ宜シ
仕官　目上ノ助有テヨロシ貞正ナレバ出世有ベシ
抱人　貞正堅固ノ人ナルベシ後々為ニナルヿアリ

賣買　利アルベシ性急ナレハ損ス舊常ニ取計宜　高下　上ル様子ニテ急ニ上ル事ナシ五爻ノ變ハ下ル　夢　吉夢ナリ信心深シ人ハ貴人ノ引立ニ逢

䷽

## 雷山小過

小過者過也二陽四陰ニシテ小ナルモノ過ル陽ハ大也陰ハ小也故ニ小過ト云我止ツテ彼動キ下止ツテ上動キ内外相背テ憂離散財ヲ主ルト可知此卦ハ百事進ムニ不利退キ止ルニ宜シ性急短慮ナレハ事必破レ心外无念ナル事可有物事始ハ様子宜ク其半ニ至テ間違有リ又横合ヨリ思ヒ掛ナク邪魔ノ入ル事有ニ可防住家ニ心落付難キ意小事ハ大低吉ナレドモ大

事ハ不成勞シテ無功ヿ多シ事ヲ作見手ヲ空クスル意俄ニ親

キ人ノ心戀[illegible]ヌ怒ノ理又進退共ニ疑惑メ埒ノ不明ノ意无益ノヿ

ニ手足ヲ運ノ意有物事舊ヲ守靜ナルニ宜シ動ハ益々損失アルニ

初豐　盛ンスギテ思案ノ落付ガタキヿ多シ
二恆　家内目下者ニ悦アル ベシ又舊常ヲ守ニ宜
三豫　婦人ノヿニ付テ内証ニ物ハアラン又書物念ムベシ

四謙　心身堅固ナレハ吉宜シ 主人目上ノ引立ニ逢フ
五咸　婚姻養子ナトノ世話ヿアルベシ何レ幸アリ
六旅　不圖病苦或ハ損失アラン信心スベシ

天時　雷雨アラン午申酉ノ日ハ日和ナルベシ
願望　叶ヒカタシ信心專一ナレハ少シク叶フベシ
待人　來リガタシ返テ不宜沙汰アルベシ

婚姻　世話人カ中途ニ間違アラン見合スベシ
生產　初產ハ少シ障アラン次ニテモ油斷ナラス
得物　金銀ナトハ不得外ハ少シク得ヘシ

疾病　大病ナルベシ信心有リ灸治ナドスベシ
醫師　東南ニテ能々吟味シテ求ムベシ
失物　出ガタシ強ク尋ヌル[illegible]、公難損失ス

變宅　止退シテ宜シ我意ニ動ケバ損失多シ

訴訟　損多シテ長引利ナシ和平ナルニ宜シ

走者　急ニ知レガタシ東北ノ方ナルベシ

旅行　見合ヘシ途中ニテ病難アラン

仕官　見合ヘシ為ニナラズ後口舌起ル

抱人　性急ナル人ナラン大テイハ見合スベシ

賣買　利ナシ舊産ヲ守ルニヨロシ

高下　秋ハ少シ上ルコトアラン余ハ下ルコト多シ

夢　旅ニ出ルコトアラン必見合スベシ書物ヲ用心スベシ

## ䷾ 水火既濟

既濟者合也事既ニ成也陰陽位正シテ剛柔相合渡リニ往テ船ヲ得求ル處必從ヒ欲スル處必ス遂火上ニ水有是水火相交テ各其用ヲ相通ズ故ニ事既ニ成也然レ圧已既ニ成時ハ人散亂スルコト速ナリ火上ニ水アレバ其害ヲ防ギ戒ル

ノ象也君子ハ既濟ノ時後來ノ患災ヲ思ヒ貞固ニシテ豫メ
其防ヲナス常人ハ安キニ馴レテ色欲ニ溺レ我意ヲ先トスル
カ故ニ百事始ハ吉ナレドモ油斷ヨリシテ終ニ凶患離散ヲ招クト
可知此卦ハ物事宜キ様ナレドモ末ヲ不保半途ニシテ必仕
損ジ後悔スルコト有又是迄相續タルコトノ俄ニ變動メ可如
何ト案ジ迷フノ意親キ人ト爭カ或ハ妻子ノ中ニ思事有
ノ意親キニ離レ疎キニ寄添フノ意又女難ヲ可防義理ニ
引レテ隔ラルヽノ意有

初蹇　不信心ナレハ我心ヨリ究屈シテ萬事凶
二需　安靜ナルニ宜シ性急ナルコト凶時節ヲ待ベシ
三屯　妄リニ變動スベカラズ不圖災難アラン

四革　目上ノ人ニ順ワテ長ヲ改易テ宜シ
五明夷　一度苦シテ後ニ出世スルコトアラン
六家人　シタシキ人カ家内ニ幸慶アルベシ

天時　雨有ベシ冬ハ曇ルベシ午戌亥ノ日天氣ナリ
願望　急ニ叶ヒカタシ信心貞固ナレバ後叶ベシ
待人　来リガタシ婦人ハ不来トモ沙汰アリ

婚姻　首尾宜シキ様ニテモ末ヲトゲズ見合ベシ
生産　少シクサワリアレドモ出産アルベシ
得物　得ガタシ

疾病　病ミシツシテ不發長引ベシ信心スベシ
醫師　東南ノ醫ヲ求ムベシ老人ヨロシ
失物　急ニ出ガタシ

變宅　變シテ宜シナレドモ我意ニ任スハ凶
訴訟　小事ヨリ大事ニナルコトアリ和順ニ宜シ
走者　人ニタマサルヽコトアリ出テ後悔アリ

旅行　大抵宜シツレトモトヽハ見合ベシ
仕官　争ヒコト有テ終始トモニ凶シ
抱人　色情ノコトヤミ有カソシ失アラン慎ベシ

賣買　不宜舊産ヲ守テ後ニ少シク利アリ
高下　次第々々ニ下ル秋ノ末ヨリ少シ上ル
夢　不圖争ヒヲ用心スベシ

## 火水未濟

評曰未濟者失也上離火ニシテ下坎水也水上ニ火有テ水火不相交シテ未ダ其用ヲ不相成剛柔位ヲ失フ然𪜈九二六五ノ爻相應ジテ九二ノ臣能世叓ヲ治ム故ニ始ハ叓不成ト雖モ後百叓通達スル物ノ始ヲナスノ義アレ𪜈未ダ其形ヲ不成患難ノ中ニ喜ヲ開キ暗中ヨリ明ヲ望ミ凶散ジテ向吉叓ノ時トスレ𪜈未成舊キヲ守テ勿變動後自然ト其宜ヲ得ル也此卦ハ物叓始ヲ愼ミ不輕進ニ宜シ性急短慮ナレ

バ支半途ニ不レ至シテ離散棄廢ヲ主ルト可レ知通ジテ止リ止テ又通ルノ意アレバ急速ノヿハ成ガ如クニシテ不レ成永久ノヿハ久シテ後必ズ可ニ通達ス心中ニ思フヿ有レ𪜈前後ヲ口合セ人ニ言兼ルノ意無餘義人ト親ヲ結ブノ意婚姻養子或ハ仕官ノ望ミ有人貞正ナレバ貴上ノ助ヲ得テ身ノ上ニ幸悦可レ有不圖シタルヿヨリ心ノ迷フ意色情ヲ可レ愼此卦ハ物ノ相續弃廢ヲ兼ルノ卦ナレバ直正邪僞ニ依吉凶異ナリ占者其理義ヲ詳カニ可ニ活斷ス既濟ハ支ノ散亂

ヲ主ル故ニ急進ヲ戒メ叓ノ止退ナルヲ吉トス此卦ハ叓ノ
始終ヲ合テ其始ヲナス然レドモ其始ヲ成ス叓美惡邪正ニ
馴レテ吉モ不吉凶モ不凶故ニ君子ハ唯己ヲ愼ニアリ

| | | |
|---|---|---|
| 初睽　不斗女難アラン總テ心勞多シ信心スベシ | 二晉　貞正ニシテ進ンデ宜シ我意ニ進ム時ハ後悔有 | 三鼎　信心深キ人ハ家内ニ幸悦アリ書物ヲ用心スベシ |
| 四蒙　貴人目上ノ人ニ順フテ宜シ我意ヲ出テ損 | 五訟　親キ人ト不斗口舌爭ロンノ起ル意アリ | 六解　舊常ヲ守テ宜シ又油断シテ損災アリ |
| 天時　曇ルカ雨アラン秋冬ハ風アラン | 願望　今少シテ叶ガタシ情意強シテ叶フ | 待人　來ルヿヲソシ午丑寅ノ日ヲ待ベシ |
| 婚姻　日間トルベシ始終サハリ多シ見合ベシ | 生産　安産ナルベシ妊娠ノ内障リ少シアルベシ | 得物　急ニ得ガタシ始終ハ少シ得ベシ |
| 疾病　逆上多シ長引ドモツイニ治スベシ | 醫師　北ノ方ニテ老醫ヲ求ムベシ | 失物　出ガタシ深ク尋ル時ハ行方知レテ物ハ不出 |

變宅　サシタルヿニ非ズ見合スベシ後々モ心勞多シ

訴訟　甚ダアヤフムヿ有急ニ利ナシ和談ニ宜

走者　必ズ連アルヘシ南ニ行ヘシ後ニ北エ回レ

旅行　凶ニ連アルトモ大抵見合スベシ

仕官　急ニ宜キヿナシ貴上ノ助ヲウベシ

抱人　苦シカラズナレドモ夏ハ凶

賣買　賣ニ利ナシ買ニ少シク利アリ

高下　次第ニ上ル冬ハ下ルヿ多シ

夢　婦人ニ付テ口舌アラン又病難ノ

易學通解下卷終

寬政八年丙辰季秋發行

嘉永四年辛亥冬十月再板

發兌書肆

東京府平民

吉川半七

京橋區南傳馬町一丁目十二番地

大阪　松村九兵衛
西京　佐々木惣四郎
東京　北畠茂兵衛
同　稻田佐兵衛
同　山中市兵衛
同　荒川藤兵衛
同　東生龜次郎
同　石川治兵衛
同　北澤伊八
同　若林喜兵衛